寶寶
生活日記

吳嫦娥　著

ABC

藍海文化

■ 國家圖書館出版品預行編目（CIP）資料

寶寶生活日記 / 吳嫦娥著. -- 初版. -- [高雄市]：
藍海文化事業股份有限公司, 2022.04
面 ；　公分
ISBN 978-986-06041-7-7(平裝)

1.CST: 幼教工作者　2.CST: 幼兒保育　3.CST:親
師關係

523.26　　　　　　　　　　　111005777

寶寶生活日記

初版一刷 · 2022 年 4 月　初版二刷 · 2024 年 8 月

著者	吳嫦娥
責任編輯	林瑜璇、新北市三重興穀公共托育中心
封面設計	毛湘萍
發行人	楊宏文
總編輯	蔡國彬
出版	藍海文化事業股份有限公司
地址	802019高雄市苓雅區五福一路57號2樓之2
電話	07-2265267
傳真	07-2264697
網址	www.liwen.com.tw
電子信箱	blueocean@liwen.com.tw
劃撥帳號	41423894
臺北分公司	100003臺北市中正區重慶南路一段57號10樓之12
電話	02-29222396
傳真	02-29220464
法律顧問	林廷隆律師
電話	02-29658212

ISBN　978-986-06041-7-7（平裝）

藍海文化事業股份有限公司
Blue Ocean Educational Service INC

定價：160 元

序

　　《寶寶生活日記》的校編，著重於托育老師在托育照顧中，針對收托嬰幼兒的飲食狀況、一日作息的基本照護情形、適性適齡教保活動和參與學習狀況做系統性的記錄，並讓托育老師與家長之間擁有良性的溝通管道。嬰幼兒的健全發育，訴求的不只是無病無恙，而是要達到身體、心理及社會的完全和樂狀態。

　　照顧「環境」是嬰幼兒成長的第二個老師，0-3歲的嬰幼兒身心發展深受環境所影響，在成長過程中必須有適齡受保護的需要、適當教養的需要，包括成長期的五大領域：「**動作發展**」、「**社會情緒**」、「**語言溝通**」、「**認知探索**」及「**生活自理**」之需求，而這些需要從托育老師設計的活動中皆呈現於此，讓我們從專業的角度，採用多元層面觀點促進嬰幼兒身心發展。

　　「**工欲善其事、必先利其器**」，托育人員工作負荷重，如能夠使用有效的工具，幫助托育老師執行服務時能有效的記錄，並且在托育服務上也能夠更加有效率，家長更放心。

　　我們將嬰幼兒教育二十餘年的經驗，改編著成此《寶寶生活日記》，提供托育單位的老師跟嬰幼兒的家長，建立友善且完整的溝通橋梁。

吳嫦娥

2022.03.08

給家長的托育中心小叮嚀

親愛的家長您好：

　　非常歡迎您與小寶貝一同加入＿＿＿＿＿＿＿＿＿＿＿＿＿。

　　為了陪伴寶貝快樂健康的迎接成長生活，本中心精心設計一系列專業托育活動，配合寶貝不同階段的發展與學習成長，提供寶貝適性適齡的生活經驗、優質的環境設備及托育品質！

　　為了讓本中心能進一步了解寶貝的家庭狀況、生活習慣、個性偏好，本中心設計了一份問卷調查表，請家長在入托嬰中心前填答完成，於入托時繳交中心，以供在中心的生活經驗中，能有效輔助寶貝的個別差異，給予不同的輔導資源及支持性服務。

　　我們將以最期待的心情迎接您的寶貝，期待小寶貝在本中心健康、安全、快樂的成長茁壯。

　　　　　　　　　　　　　　　＿＿＿＿＿＿＿＿＿＿＿＿謹啟

寶寶生活日記

_____年_____月_____日 星期_____

飲食方面

早上餵奶時間：

_____:_____奶量_____c.c

中心餵奶時間：

時間_____:_____奶量_____c.c

時間_____:_____奶量_____c.c

時間_____:_____奶量_____c.c

時間_____:_____奶量_____c.c

餐點：

□飯□粥□麵食

□肉類□魚/海鮮

□蔬菜□蛋/豆類

□精緻澱粉類

□副食品：_____

食量：

早上□量多□正常□量少

中午□量多□正常□量少

下午□量多□正常□量少

（評量標準：量多(>1份)

正常(≧0.8份)

量少(≦0.5份)

排便方面

□無　□有，排便時間：_____:_____、_____:_____、_____:_____、_____:_____

狀況：□正常□偏硬□偏軟□腹瀉□其他_____

睡眠情形

睡眠時間：_____:_____ ～ _____:_____

□安穩□普通□不安穩

□原因_____

情緒行為

□快樂□不安□哭鬧□焦慮

□其他_____

□處理方式_____

健康紀錄

1.用藥時間：

吃藥時間：_____:_____老師簽名：_____

□藥粉□藥水_____cc、_____cc

吃藥時間：_____:_____老師簽名：_____

□藥粉□藥水_____cc、_____cc

2.身體狀況：

□正常 / 體溫:上午_____下午_____

□不適症狀：□發燒_____度 □嘔吐

□咳嗽□流鼻涕□鼻塞□紅疹□疲倦

□其他：_____

托育活動

□故事欣賞　□音樂欣賞□教具操作

□嬰幼兒按摩□戶外散步□音樂律動

□大肌肉活動□小肌肉活動

□其他活動_____

叮嚀事項

今日帶回清洗：□衣褲　□寢具

寶寶用品需再添加，請準備物品如下：

□尿布　□濕紙巾□衛生紙□紗布巾

□備用衣_____件 /褲(長/短)_____件

□其他_____

親師交流園地

老師的話

親師交流

老師簽名：_____

家長簽名：_____

1

寶寶生活日記

_____年_____月_____日 星期_____

飲食方面

早上餵奶時間： _____：_____奶量_____c.c 中心餵奶時間： 時間_____：_____奶量_____c.c 時間_____：_____奶量_____c.c 時間_____：_____奶量_____c.c 時間_____：_____奶量_____c.c	餐點： □飯□粥□麵食 □肉類□魚/海鮮 □蔬菜□蛋/豆類 □精緻澱粉類 □副食品：_____	食量： 早上□量多□正常□量少 中午□量多□正常□量少 下午□量多□正常□量少 (評量標準:量多(>1份) 正常(≧0.8份) 量少(≦0.5份)

排便方面

□無　□有，排便時間：_____：_____、_____：_____、_____：_____、_____：_____
狀況：□正常□偏硬□偏軟□腹瀉□其他_____

睡眠情形	情緒行為
睡眠時間：_____：_____ ～ _____：_____ □安穩□普通□不安穩 □原因_____	□快樂□不安□哭鬧□焦慮 □其他_____ □處理方式_____

健康紀錄

1.用藥時間： 吃藥時間：_____：_____老師簽名：_____ □藥粉□藥水_____cc、_____cc 吃藥時間：_____：_____老師簽名：_____ □藥粉□藥水_____cc、_____cc	2.身體狀況： □正常 / 體溫:上午_____下午_____ □不適症狀：□發燒___度 □嘔吐 □咳嗽□流鼻涕□鼻塞□紅疹□疲倦 □其他：_____

托育活動	叮嚀事項
□故事欣賞　□音樂欣賞□教具操作 □嬰幼兒按摩□戶外散步□音樂律動 □大肌肉活動□小肌肉活動 □其他活動_____	今日帶回清洗:□衣褲 □寢具 寶寶用品需再添加，請準備物品如下： □尿布□濕紙巾□衛生紙□紗布巾 □備用衣_____件 /褲(長/短) _____件 □其他_____

親師交流園地

老師的話	親師交流
老師簽名：_____	家長簽名：_____

寶寶生活日記

_____年____月____日 星期_____

飲食方面

早上餵奶時間： _____：____ 奶量_____ c.c 中心餵奶時間： 時間____：____ 奶量____ c.c 時間____：____ 奶量____ c.c 時間____：____ 奶量____ c.c 時間____：____ 奶量____ c.c	餐點： □飯□粥□麵食 □肉類□魚/海鮮 □蔬菜□蛋/豆類 □精緻澱粉類 □副食品：_____	食量： 早上□量多□正常□量少 中午□量多□正常□量少 下午□量多□正常□量少 （評量標準：量多(>1份) 正常(≧0.8份) 量少(≦0.5份)

排便方面

□無　□有，排便時間：_____：____、____：____、____：____

狀況：□正常 □偏硬 □偏軟□腹瀉 □其他_____

睡眠情形 / 情緒行為

睡眠情形	情緒行為
睡眠時間：____：____ ～ ____：____ □安穩 □普通 □不安穩 □原因_____	□快樂 □不安 □哭鬧 □焦慮 □其他_____ □處理方式_____

健康紀錄

1.用藥時間：	2.身體狀況：
吃藥時間：____：____ 老師簽名：_____ □藥粉□藥水____cc、____cc 吃藥時間：____：____ 老師簽名：_____ □藥粉□藥水____cc、____cc	□正常 / 體溫：上午_____下午_____ □不適症狀：□發燒___度 □嘔吐 □咳嗽□流鼻涕□鼻塞□紅疹□疲倦 □其他：_____

托育活動 / 叮嚀事項

托育活動	叮嚀事項
□故事欣賞 □音樂欣賞 □教具操作 □嬰幼兒按摩□戶外散步 □音樂律動 □大肌肉活動□小肌肉活動 □其他活動_____	今日帶回清洗：□衣褲 □寢具 寶寶用品需再添加，請準備物品如下： □尿布□濕紙巾□衛生紙□紗布巾 □備用衣_____件 /褲(長/短)_____件 □其他_____

親師交流園地

老師的話	親師交流
       老師簽名：_____	 家長簽名：_____

寶寶生活日記

_____年_____月_____日 星期_____

飲食方面

早上餵奶時間：
_____：_____奶量_____c.c

中心餵奶時間：
時間_____：_____奶量_____c.c
時間_____：_____奶量_____c.c
時間_____：_____奶量_____c.c
時間_____：_____奶量_____c.c

餐點：
□飯□粥□麵食
□肉類□魚/海鮮
□蔬菜□蛋/豆類
□精緻澱粉類

□副食品：_____

食量：
早上□量多□正常□量少
中午□量多□正常□量少
下午□量多□正常□量少
（評量標準：量多（>1份）
正常（≧0.8份）
量少（≦0.5份）

排便方面

□無　□有，排便時間：_____：_____、_____：_____、_____：_____、_____：_____
狀況：□正常　□偏硬　□偏軟□腹瀉　□其他_____

睡眠情形 / 情緒行為

睡眠情形	情緒行為
睡眠時間：_____：_____ ～ _____：_____	□快樂 □不安 □哭鬧 □焦慮
□安穩 □普通 □不安穩	□其他_____
□原因_____	□處理方式_____

健康紀錄

1.用藥時間：
吃藥時間：_____：_____老師簽名：_____
□藥粉□藥水_____cc、_____cc
吃藥時間：_____：_____老師簽名：_____
□藥粉□藥水_____cc、_____cc

2.身體狀況：
□正常 / 體溫:上午_____下午_____
□不適症狀：□發燒___度 □嘔吐
□咳嗽□流鼻涕□鼻塞□紅疹□疲倦
□其他：_____

托育活動 / 叮嚀事項

托育活動	叮嚀事項
□故事欣賞　□音樂欣賞　□教具操作	今日帶回清洗：□衣褲 □寢具
□嬰幼兒按摩□戶外散步　□音樂律動	寶寶用品需再添加，請準備物品如下：
□大肌肉活動□小肌肉活動	□尿布□濕紙巾□衛生紙□紗布巾
□其他活動_____	□備用衣_____件 /褲(長/短)_____件
	□其他_____

親師交流園地

老師的話

親師交流

老師簽名：_____　　　家長簽名：_____

4

寶寶生活日記

＿＿＿年＿＿＿月＿＿＿日 星期＿＿＿＿＿＿

飲食方面

| 早上餵奶時間：
＿＿＿＿：＿＿＿＿奶量＿＿＿＿＿＿c.c
中心餵奶時間：
時間＿＿＿：＿＿＿奶量＿＿＿＿c.c
時間＿＿＿：＿＿＿奶量＿＿＿＿c.c
時間＿＿＿：＿＿＿奶量＿＿＿＿c.c
時間＿＿＿：＿＿＿奶量＿＿＿＿c.c | 餐點：
□飯□粥□麵食
□肉類□魚/海鮮
□蔬菜□蛋/豆類
□精緻澱粉類

□副食品：＿＿＿＿＿＿ | 食量：
早上□量多□正常□量少
中午□量多□正常□量少
下午□量多□正常□量少
（評量標準：量多(>1份)
正常(≧0.8份)
量少(≦0.5份) |

排便方面

□無　□有，排便時間：＿＿＿：＿＿＿、＿＿＿：＿＿＿、＿＿＿：＿＿＿、＿＿＿：＿＿＿

狀況：□正常　□偏硬　□偏軟□腹瀉　□其他＿＿＿＿＿＿＿＿＿

睡眠情形	情緒行為
睡眠時間：＿＿＿：＿＿＿ ～ ＿＿＿：＿＿＿ □安穩 □普通 □不安穩 □原因＿＿＿＿＿＿＿＿＿＿＿	□快樂 □不安 □哭鬧 □焦慮 □其他＿＿＿＿＿＿＿＿＿＿＿ □處理方式＿＿＿＿＿＿＿＿

健康紀錄

| 1.用藥時間：
吃藥時間：＿＿＿：＿＿＿老師簽名：＿＿＿＿＿
□藥粉□藥水＿＿＿cc、＿＿＿cc
吃藥時間：＿＿＿：＿＿＿老師簽名：＿＿＿＿＿
□藥粉□藥水＿＿＿cc、＿＿＿cc | 2.身體狀況：
□正常 / 體溫:上午＿＿＿＿下午＿＿＿
□不適症狀：□發燒＿＿＿度 □嘔吐
□咳嗽□流鼻涕□鼻塞□紅疹□疲倦
□其他：＿＿＿＿＿＿＿＿＿ |

托育活動	叮嚀事項
□故事欣賞　□音樂欣賞　□教具操作 □嬰幼兒按摩□戶外散步　□音樂律動 □大肌肉活動□小肌肉活動 □其他活動＿＿＿＿＿＿＿＿	今日帶回清洗：□衣褲 □寢具 寶寶用品需再添加，請準備物品如下： □尿布□濕紙巾□衛生紙□紗布巾 □備用衣＿＿＿＿件 /褲(長/短)＿＿＿＿件 □其他＿＿＿＿＿

親師交流園地

老師的話	親師交流
       老師簽名：＿＿＿＿＿＿＿	 家長簽名：＿＿＿＿＿＿＿

寶寶生活日記

_____年____月____日 星期_____

飲食方面

| 早上餵奶時間：
_____：_____奶量_____c.c
中心餵奶時間：
時間_____：_____奶量_____c.c
時間_____：_____奶量_____c.c
時間_____：_____奶量_____c.c
時間_____：_____奶量_____c.c | 餐點：
□飯□粥□麵食
□肉類□魚/海鮮
□蔬菜□蛋/豆類
□精緻澱粉類

□副食品：_____ | 食量：
早上□量多□正常□量少
中午□量多□正常□量少
下午□量多□正常□量少
（評量標準：量多(>1 份)
正常(≧0.8 份)
量少(≦0.5 份) |

排便方面

□無　□有，排便時間：_____：_____、_____：_____、_____：_____、_____：_____
狀況：□正常　□偏硬　□偏軟□腹瀉　□其他_____

睡眠情形	情緒行為
睡眠時間：_____：_____ ～ _____：_____ □安穩 □普通 □不安穩 □原因_____	□快樂 □不安 □哭鬧 □焦慮 □其他_____ □處理方式_____

健康紀錄

1.用藥時間： 吃藥時間：_____：_____老師簽名：_____ □藥粉□藥水_____cc、_____cc 吃藥時間：_____：_____老師簽名：_____ □藥粉□藥水_____cc、_____cc	2.身體狀況： □正常 / 體溫：上午_____下午_____ □不適症狀：□發燒___度 □嘔吐 □咳嗽□流鼻涕□鼻塞□紅疹□疲倦 □其他：_____

托育活動	叮嚀事項
□故事欣賞　□音樂欣賞□教具操作 □嬰幼兒按摩□戶外散步□音樂律動 □大肌肉活動□小肌肉活動 □其他活動_____	今日帶回清洗：□衣褲 □寢具 寶寶用品需再添加，請準備物品如下： □尿布□濕紙巾□衛生紙□紗布巾 □備用衣_____件 /褲(長/短) _____件 □其他_____

親師交流園地

老師的話	親師交流
        老師簽名：_____	 家長簽名：_____

寶寶生活日記

_____年_____月_____日 星期_____

飲食方面

早上餵奶時間：
_____：_____奶量_____c.c

中心餵奶時間：

時間_____：_____奶量_____c.c

時間_____：_____奶量_____c.c

時間_____：_____奶量_____c.c

時間_____：_____奶量_____c.c

餐點：
- □飯□粥□麵食
- □肉類□魚/海鮮
- □蔬菜□蛋/豆類
- □精緻澱粉類
- □副食品：_____

食量：

早上□量多□正常□量少

中午□量多□正常□量少

下午□量多□正常□量少

（評量標準：量多(>1份)

正常(≧0.8份)

量少(≦0.5份)

排便方面

□無　□有，排便時間：_____：_____、_____：_____、_____：_____、_____：_____

狀況：□正常□偏硬□偏軟□腹瀉　□其他_____

睡眠情形

睡眠時間：_____：_____ ～ _____：_____

□安穩□普通□不安穩

□原因_____

情緒行為

□快樂□不安□哭鬧□焦慮

□其他_____

□處理方式_____

健康紀錄

1.用藥時間：

吃藥時間：_____：_____老師簽名：_____

□藥粉□藥水_____cc、_____cc

吃藥時間：_____：_____老師簽名：_____

□藥粉□藥水_____cc、_____cc

2.身體狀況：

□正常 / 體溫：上午_____下午_____

□不適症狀：□發燒_____度 □嘔吐

□咳嗽□流鼻涕□鼻塞□紅疹□疲倦

□其他：_____

托育活動

□故事欣賞　□音樂欣賞　□教具操作

□嬰幼兒按摩□戶外散步　□音樂律動

□大肌肉活動□小肌肉活動

□其他活動_____

叮嚀事項

今日帶回清洗：□衣褲 □寢具

寶寶用品需再添加，請準備物品如下：

□尿布□濕紙巾□衛生紙□紗布巾

□備用衣_____件 /褲(長/短)_____件

□其他_____

親師交流園地

老師的話

親師交流

老師簽名：_____

家長簽名：_____

寶寶生活日記

＿＿＿年＿＿＿月＿＿＿日 星期＿＿＿＿＿

飲食方面

早上餵奶時間：
＿＿＿：＿＿＿奶量＿＿＿＿＿＿c.c

中心餵奶時間：
時間＿＿＿：＿＿＿奶量＿＿＿c.c
時間＿＿＿：＿＿＿奶量＿＿＿c.c
時間＿＿＿：＿＿＿奶量＿＿＿c.c
時間＿＿＿：＿＿＿奶量＿＿＿c.c

餐點：
□飯□粥□麵食
□肉類□魚/海鮮
□蔬菜□蛋/豆類
□精緻澱粉類

□副食品：＿＿＿＿＿＿

食量：
早上□量多□正常□量少
中午□量多□正常□量少
下午□量多□正常□量少
（評量標準:量多(>1 份)
正常(≧0.8 份)
量少(≦0.5 份)

排便方面

□無　□有，排便時間：＿＿＿：＿＿＿、＿＿＿：＿＿＿、＿＿＿：＿＿＿、＿＿＿：＿＿＿
狀況：□正常 □偏硬 □偏軟□腹瀉 □其他＿＿＿＿＿＿＿＿＿

睡眠情形　　　　　情緒行為

睡眠時間：＿＿＿：＿＿＿ ～ ＿＿＿：＿＿＿
□安穩 □普通 □不安穩
□原因＿＿＿＿＿＿＿＿

□快樂 □不安 □哭鬧 □焦慮
□其他＿＿＿＿＿＿＿＿＿
□處理方式＿＿＿＿＿＿＿

健康紀錄

1.用藥時間：
吃藥時間：＿＿＿：＿＿＿老師簽名：＿＿＿＿＿
□藥粉□藥水＿＿＿cc、＿＿＿cc
吃藥時間：＿＿＿：＿＿＿老師簽名：＿＿＿＿＿
□藥粉□藥水＿＿＿cc、＿＿＿cc

2.身體狀況：
□正常 / 體溫:上午＿＿＿＿＿下午＿＿＿＿＿
□不適症狀：□發燒＿＿＿度 □嘔吐
□咳嗽□流鼻涕□鼻塞□紅疹□疲倦
□其他：＿＿＿＿＿＿＿

托育活動　　　　　叮嚀事項

□故事欣賞 □音樂欣賞 □教具操作
□嬰幼兒按摩□戶外散步 □音樂律動
□大肌肉活動□小肌肉活動
□其他活動＿＿＿＿＿＿＿

今日帶回清洗：□衣褲 □寢具
寶寶用品需再添加，請準備物品如下：
□尿布□濕紙巾□衛生紙□紗布巾
□備用衣＿＿＿＿＿件 /褲(長/短) ＿＿＿＿＿件
□其他＿＿＿＿＿＿

親師交流園地

老師的話

親師交流

老師簽名：＿＿＿＿＿＿＿　　　家長簽名：＿＿＿＿＿＿＿

寶寶生活日記

_____年_____月_____日 星期_____

飲食方面

早上餵奶時間：

_____：_____奶量_____c.c

中心餵奶時間：

時間_____：_____奶量_____c.c

時間_____：_____奶量_____c.c

時間_____：_____奶量_____c.c

時間_____：_____奶量_____c.c

餐點：

☐飯☐粥☐麵食

☐肉類☐魚/海鮮

☐蔬菜☐蛋/豆類

☐精緻澱粉類

☐副食品：_____

食量：

早上☐量多☐正常☐量少

中午☐量多☐正常☐量少

下午☐量多☐正常☐量少

（評量標準：量多(>1份)

正常(≧0.8份)

量少(≦0.5份)

排便方面

☐無　☐有，排便時間：_____：_____、_____：_____、_____：_____、_____：_____

狀況：☐正常☐偏硬☐偏軟☐腹瀉☐其他_____

睡眠情形

睡眠時間：_____：_____ ～ _____：_____

☐安穩☐普通☐不安穩

☐原因_____

情緒行為

☐快樂☐不安☐哭鬧☐焦慮

☐其他_____

☐處理方式_____

健康紀錄

1.用藥時間：

吃藥時間：_____：_____老師簽名：_____

☐藥粉☐藥水_____cc、_____cc

吃藥時間：_____：_____老師簽名：_____

☐藥粉☐藥水_____cc、_____cc

2.身體狀況：

☐正常 / 體溫：上午_____下午_____

☐不適症狀：☐發燒___度 ☐嘔吐

☐咳嗽☐流鼻涕☐鼻塞☐紅疹☐疲倦

☐其他：_____

托育活動

☐故事欣賞　☐音樂欣賞☐教具操作

☐嬰幼兒按摩☐戶外散步☐音樂律動

☐大肌肉活動☐小肌肉活動

☐其他活動_____

叮嚀事項

今日帶回清洗：☐衣褲 ☐寢具

寶寶用品需再添加，請準備物品如下：

☐尿布☐濕紙巾☐衛生紙☐紗布巾

☐備用衣_____件 /褲(長/短) _____件

☐其他_____

親師交流園地

老師的話

老師簽名：_____

親師交流

家長簽名：_____

寶寶生活日記

_____年____月____日 星期_____

飲食方面

早上餵奶時間：
____：____奶量_____c.c

中心餵奶時間：
時間____：____奶量____c.c
時間____：____奶量____c.c
時間____：____奶量____c.c
時間____：____奶量____c.c

餐點：
□飯□粥□麵食
□肉類□魚/海鮮
□蔬菜□蛋/豆類
□精緻澱粉類

□副食品：_____

食量：
早上□量多□正常□量少
中午□量多□正常□量少
下午□量多□正常□量少
（評量標準：量多(>1 份)
正常(≧0.8 份)
量少(≦0.5 份)

排便方面

□無　□有，排便時間：____：____、____：____、____：____、____：____
狀況：□正常□偏硬□偏軟□腹瀉□其他_____

睡眠情形 / 情緒行為

睡眠時間：____：____ ～ ____：____
□安穩□普通□不安穩
□原因_____

□快樂□不安□哭鬧□焦慮
□其他_____
□處理方式_____

健康紀錄

1.用藥時間：
吃藥時間：____：____老師簽名：_____
□藥粉□藥水____cc、____cc
吃藥時間：____：____老師簽名：_____
□藥粉□藥水____cc、____cc

2.身體狀況：
□正常 / 體溫：上午_____下午_____
□不適症狀：□發燒___度 □嘔吐
□咳嗽□流鼻涕□鼻塞□紅疹□疲倦
□其他：_____

托育活動 / 叮嚀事項

□故事欣賞　□音樂欣賞□教具操作
□嬰幼兒按摩□戶外散步□音樂律動
□大肌肉活動□小肌肉活動
□其他活動_____

今日帶回清洗：□衣褲 □寢具
寶寶用品需再添加，請準備物品如下：
□尿布□濕紙巾□衛生紙□紗布巾
□備用衣_____件 /褲(長/短)_____件
□其他_____

親師交流園地

老師的話

老師簽名：_____

親師交流

家長簽名：_____

寶寶生活日記

_____年_____月_____日 星期_____

飲食方面

早上餵奶時間：
_____：_____奶量_____c.c

中心餵奶時間：

時間_____：_____奶量_____c.c

時間_____：_____奶量_____c.c

時間_____：_____奶量_____c.c

時間_____：_____奶量_____c.c

餐點：
☐飯☐粥☐麵食
☐肉類☐魚/海鮮
☐蔬菜☐蛋/豆類
☐精緻澱粉類

☐副食品：_____

食量：
早上☐量多☐正常☐量少
中午☐量多☐正常☐量少
下午☐量多☐正常☐量少
（評量標準：量多（>1 份）
正常（≧0.8 份）
量少（≦0.5 份）

排便方面

☐無　☐有，排便時間：_____：_____、_____：_____、_____：_____、_____：_____
狀況：☐正常　☐偏硬　☐偏軟☐腹瀉　☐其他_____

睡眠情形	情緒行為
睡眠時間：_____：_____ ～ _____：_____ ☐安穩☐普通☐不安穩 ☐原因_____	☐快樂☐不安☐哭鬧☐焦慮 ☐其他_____ ☐處理方式_____

健康紀錄

1.用藥時間：
吃藥時間：_____：_____老師簽名：_____
☐藥粉☐藥水_____cc、_____cc
吃藥時間：_____：_____老師簽名：_____
☐藥粉☐藥水_____cc、_____cc

2.身體狀況：
☐正常 / 體溫：上午_____下午_____
☐不適症狀：☐發燒_____度 ☐嘔吐
☐咳嗽☐流鼻涕☐鼻塞☐紅疹☐疲倦
☐其他：_____

托育活動	叮嚀事項
☐故事欣賞　☐音樂欣賞　☐教具操作 ☐嬰幼兒按摩☐戶外散步　☐音樂律動 ☐大肌肉活動☐小肌肉活動 ☐其他活動_____	今日帶回清洗：☐衣褲　☐寢具 寶寶用品需再添加，請準備物品如下： ☐尿布☐濕紙巾☐衛生紙☐紗布巾 ☐備用衣_____件 /褲(長/短)_____件 ☐其他_____

親師交流園地

老師的話

親師交流

老師簽名：_____

家長簽名：_____

11

寶寶生活日記

_____年_____月_____日 星期_____

飲食方面

早上餵奶時間：
_____：_____奶量_____c.c

中心餵奶時間：

時間_____：_____奶量_____c.c

時間_____：_____奶量_____c.c

時間_____：_____奶量_____c.c

時間_____：_____奶量_____c.c

餐點：
□飯□粥□麵食
□肉類□魚/海鮮
□蔬菜□蛋/豆類
□精緻澱粉類

□副食品：_____

食量：
早上□量多□正常□量少
中午□量多□正常□量少
下午□量多□正常□量少
（評量標準：量多(>1 份)
正常(≧0.8 份)
量少(≦0.5 份)

排便方面

□無　□有，排便時間：_____：_____、_____：_____、_____：_____、_____：_____
狀況：□正常 □偏硬 □偏軟□腹瀉 □其他_____

睡眠情形

睡眠時間：_____：_____ ～ _____：_____
□安穩 □普通 □不安穩
□原因_____

情緒行為

□快樂 □不安 □哭鬧 □焦慮
□其他_____
□處理方式_____

健康紀錄

1.用藥時間：
吃藥時間：_____：_____老師簽名：_____
□藥粉□藥水_____cc、_____cc
吃藥時間：_____：_____老師簽名：_____
□藥粉□藥水_____cc、_____cc

2.身體狀況：
□正常 / 體溫:上午_____下午_____
□不適症狀：□發燒___度 □嘔吐
□咳嗽□流鼻涕□鼻塞□紅疹□疲倦
□其他：_____

托育活動

□故事欣賞 □音樂欣賞 □教具操作
□嬰幼兒按摩□戶外散步 □音樂律動
□大肌肉活動□小肌肉活動
□其他活動_____

叮嚀事項

今日帶回清洗：□衣褲 □寢具
寶寶用品需再添加，請準備物品如下：
□尿布□濕紙巾□衛生紙□紗布巾
□備用衣_____件 /褲(長/短) _____件
□其他_____

親師交流園地

老師的話

親師交流

老師簽名：_____

家長簽名：_____

寶寶生活日記

_____年_____月_____日 星期_____

飲食方面

早上餵奶時間：

_____：_____ 奶量_____c.c

中心餵奶時間：

時間_____：_____ 奶量_____c.c

時間_____：_____ 奶量_____c.c

時間_____：_____ 奶量_____c.c

時間_____：_____ 奶量_____c.c

餐點：

☐飯☐粥☐麵食

☐肉類☐魚/海鮮

☐蔬菜☐蛋/豆類

☐精緻澱粉類

☐副食品：_____

食量：

早上☐量多☐正常☐量少

中午☐量多☐正常☐量少

下午☐量多☐正常☐量少

（評量標準：量多(>1份)

正常(≧0.8份)

量少(≦0.5份)

排便方面

☐無　☐有，排便時間：_____：_____、_____：_____、_____：_____、_____：_____

狀況：☐正常　☐偏硬　☐偏軟☐腹瀉　☐其他_____

睡眠情形

睡眠時間：_____：_____ ～ _____：_____

☐安穩 ☐普通 ☐不安穩

☐原因_____

情緒行為

☐快樂 ☐不安 ☐哭鬧 ☐焦慮

☐其他_____

☐處理方式_____

健康紀錄

1.用藥時間：

吃藥時間：_____：_____ 老師簽名：_____

☐藥粉☐藥水_____cc、_____cc

吃藥時間：_____：_____ 老師簽名：_____

☐藥粉☐藥水_____cc、_____cc

2.身體狀況：

☐正常 / 體溫：上午_____ 下午_____

☐不適症狀：☐發燒___度 ☐嘔吐

☐咳嗽☐流鼻涕☐鼻塞☐紅疹☐疲倦

☐其他：_____

托育活動

☐故事欣賞　☐音樂欣賞　☐教具操作

☐嬰幼兒按摩☐戶外散步　☐音樂律動

☐大肌肉活動☐小肌肉活動

☐其他活動_____

叮嚀事項

今日帶回清洗：☐衣褲　☐寢具

寶寶用品需再添加，請準備物品如下：

☐尿布☐濕紙巾☐衛生紙☐紗布巾

☐備用衣_____件 /褲(長/短)_____件

☐其他_____

親師交流園地

老師的話

親師交流

老師簽名：_____

家長簽名：_____

寶寶生活日記

_____年_____月_____日 星期_____

飲食方面

早上餵奶時間：
_____：_____ 奶量_____c.c

中心餵奶時間：
時間_____：_____ 奶量_____c.c
時間_____：_____ 奶量_____c.c
時間_____：_____ 奶量_____c.c
時間_____：_____ 奶量_____c.c

餐點：
□飯□粥□麵食
□肉類□魚/海鮮
□蔬菜□蛋/豆類
□精緻澱粉類

□副食品：_____

食量：
早上□量多□正常□量少
中午□量多□正常□量少
下午□量多□正常□量少
（評量標準：量多(>1份)
正常(≧0.8份)
量少(≦0.5份)

排便方面

□無　□有，排便時間：_____：_____、_____：_____、_____：_____、_____：_____
狀況：□正常 □偏硬 □偏軟□腹瀉 □其他_____

睡眠情形

睡眠時間：_____：_____ ～ _____：_____
□安穩 □普通 □不安穩
□原因_____

情緒行為

□快樂 □不安 □哭鬧 □焦慮
□其他_____
□處理方式_____

健康紀錄

1.用藥時間：
吃藥時間：_____：_____老師簽名：_____
□藥粉□藥水_____CC、_____CC
吃藥時間：_____：_____老師簽名：_____
□藥粉□藥水_____CC、_____CC

2.身體狀況：
□正常 / 體溫:上午_____下午_____
□不適症狀：□發燒_____度 □嘔吐
□咳嗽□流鼻涕□鼻塞□紅疹□疲倦
□其他：_____

托育活動

□故事欣賞 □音樂欣賞 □教具操作
□嬰幼兒按摩□戶外散步 □音樂律動
□大肌肉活動□小肌肉活動
□其他活動_____

叮嚀事項

今日帶回清洗：□衣褲 □寢具
寶寶用品需再添加，請準備物品如下：
□尿布□濕紙巾□衛生紙□紗布巾
□備用衣_____件 /褲(長/短) _____件
□其他_____

親師交流園地

老師的話

老師簽名：_____

親師交流

家長簽名：_____

寶寶生活日記

_____年_____月_____日 星期_____

飲食方面

| 早上餵奶時間：
_____：_____ 奶量_____c.c
中心餵奶時間：
時間_____：_____ 奶量_____c.c
時間_____：_____ 奶量_____c.c
時間_____：_____ 奶量_____c.c
時間_____：_____ 奶量_____c.c | 餐點：
□飯□粥□麵食
□肉類□魚/海鮮
□蔬菜□蛋/豆類
□精緻澱粉類

□副食品：_____ | 食量：
早上□量多□正常□量少
中午□量多□正常□量少
下午□量多□正常□量少
（評量標準:量多(>1份)
正常(≧0.8份)
量少(≦0.5份) |

排便方面

□無　□有，排便時間：_____：_____、_____：_____、_____：_____、_____：_____
狀況：□正常 □偏硬 □偏軟□腹瀉 □其他_____

睡眠情形	情緒行為
睡眠時間：_____：_____ ～ _____：_____ □安穩 □普通 □不安穩 □原因_____	□快樂 □不安 □哭鬧 □焦慮 □其他_____ □處理方式_____

健康紀錄

| 1.用藥時間：
吃藥時間：_____：_____ 老師簽名：_____
□藥粉□藥水_____CC、_____CC
吃藥時間：_____：_____ 老師簽名：_____
□藥粉□藥水_____CC、_____CC | 2.身體狀況：
□正常 / 體溫:上午_____下午_____
□不適症狀：□發燒___度 □嘔吐
□咳嗽□流鼻涕□鼻塞□紅疹□疲倦
□其他：_____ |

托育活動	叮嚀事項
□故事欣賞 □音樂欣賞 □教具操作 □嬰幼兒按摩□戶外散步 □音樂律動 □大肌肉活動□小肌肉活動 □其他活動_____	今日帶回清洗：□衣褲 □寢具 寶寶用品需再添加，請準備物品如下： □尿布□濕紙巾□衛生紙□紗布巾 □備用衣_____件 /褲(長/短) _____件 □其他_____

親師交流園地

老師的話	親師交流
       老師簽名：_____	 家長簽名：_____

寶寶生活日記

_____年_____月_____日 星期_____

飲食方面

早上餵奶時間：
_____：_____ 奶量_____c.c
中心餵奶時間：
時間_____：_____ 奶量_____c.c
時間_____：_____ 奶量_____c.c
時間_____：_____ 奶量_____c.c
時間_____：_____ 奶量_____c.c

餐點：
☐飯☐粥☐麵食
☐肉類☐魚/海鮮
☐蔬菜☐蛋/豆類
☐精緻澱粉類

☐副食品：_____

食量：
早上☐量多☐正常☐量少
中午☐量多☐正常☐量少
下午☐量多☐正常☐量少
（評量標準：量多(>1 份)
正常(≧0.8 份)
量少(≦0.5 份)

排便方面

☐無　☐有，排便時間：_____：_____、_____：_____、_____：_____、_____：_____
狀況：☐正常☐偏硬☐偏軟☐腹瀉☐其他_____

睡眠情形

睡眠時間：_____：_____ ～ _____：_____
☐安穩☐普通☐不安穩
☐原因_____

情緒行為

☐快樂☐不安☐哭鬧☐焦慮
☐其他_____
☐處理方式_____

健康紀錄

1.用藥時間：
吃藥時間：_____：_____ 老師簽名：_____
☐藥粉☐藥水_____cc、_____cc
吃藥時間：_____：_____ 老師簽名：_____
☐藥粉☐藥水_____cc、_____cc

2.身體狀況：
☐正常 / 體溫：上午_____下午_____
☐不適症狀：☐發燒___度 ☐嘔吐
☐咳嗽☐流鼻涕☐鼻塞☐紅疹☐疲倦
☐其他：_____

托育活動

☐故事欣賞　☐音樂欣賞☐教具操作
☐嬰幼兒按摩☐戶外散步☐音樂律動
☐大肌肉活動☐小肌肉活動
☐其他活動_____

叮嚀事項

今日帶回清洗：☐衣褲　☐寢具
寶寶用品需再添加，請準備物品如下：
☐尿布☐濕紙巾☐衛生紙☐紗布巾
☐備用衣_____件 /褲(長/短) _____件
☐其他_____

親師交流園地

老師的話

老師簽名：_____

親師交流

家長簽名：_____

寶寶生活日記

_____年_____月_____日 星期_____

飲食方面

早上餵奶時間：

_____:_____ 奶量_____c.c

中心餵奶時間：

時間_____:_____ 奶量_____c.c

時間_____:_____ 奶量_____c.c

時間_____:_____ 奶量_____c.c

時間_____:_____ 奶量_____c.c

餐點：

☐飯☐粥☐麵食

☐肉類☐魚/海鮮

☐蔬菜☐蛋/豆類

☐精緻澱粉類

☐副食品：_____

食量：

早上☐量多☐正常☐量少

中午☐量多☐正常☐量少

下午☐量多☐正常☐量少

（評量標準：量多(>1 份)

正常(≧0.8 份)

量少(≦0.5 份)

排便方面

☐無　☐有，排便時間：_____:_____、_____:_____、_____:_____、_____:_____

狀況：☐正常☐偏硬☐偏軟☐腹瀉☐其他_____

睡眠情形

睡眠時間：_____:_____ ～ _____:_____

☐安穩☐普通☐不安穩

☐原因_____

情緒行為

☐快樂☐不安☐哭鬧☐焦慮

☐其他_____

☐處理方式_____

健康紀錄

1.用藥時間：

吃藥時間：_____:_____ 老師簽名：_____

☐藥粉☐藥水_____cc、_____cc

吃藥時間：_____:_____ 老師簽名：_____

☐藥粉☐藥水_____cc、_____cc

2.身體狀況：

☐正常／體溫:上午_____下午_____

☐不適症狀：☐發燒___度☐嘔吐

☐咳嗽☐流鼻涕☐鼻塞☐紅疹☐疲倦

☐其他：_____

托育活動

☐故事欣賞　☐音樂欣賞☐教具操作

☐嬰幼兒按摩☐戶外散步☐音樂律動

☐大肌肉活動☐小肌肉活動

☐其他活動_____

叮嚀事項

今日帶回清洗：☐衣褲☐寢具

寶寶用品需再添加，請準備物品如下：

☐尿布☐濕紙巾☐衛生紙☐紗布巾

☐備用衣_____件／褲(長/短)_____件

☐其他_____

親師交流園地

老師的話

親師交流

老師簽名：_____

家長簽名：_____

寶寶生活日記

_____年_____月_____日 星期_____

飲食方面

早上餵奶時間：
_____:_____奶量_____c.c

中心餵奶時間：

時間_____:_____奶量_____c.c
時間_____:_____奶量_____c.c
時間_____:_____奶量_____c.c
時間_____:_____奶量_____c.c

餐點：
□飯□粥□麵食
□肉類□魚/海鮮
□蔬菜□蛋/豆類
□精緻澱粉類

□副食品：_____

食量：
早上□量多□正常□量少
中午□量多□正常□量少
下午□量多□正常□量少
(評量標準:量多(>1 份)
正常(≧0.8 份)
量少(≦0.5 份)

排便方面

□無　□有，排便時間：_____:_____、_____:_____、_____:_____、_____:_____
狀況：□正常　□偏硬　□偏軟□腹瀉　□其他_____

睡眠情形

睡眠時間：_____:_____ ～ _____:_____
□安穩 □普通 □不安穩
□原因_____

情緒行為

□快樂 □不安 □哭鬧 □焦慮
□其他_____
□處理方式_____

健康紀錄

1.用藥時間：
吃藥時間：_____:_____老師簽名：_____
□藥粉□藥水_____cc、_____cc
吃藥時間：_____:_____老師簽名：_____
□藥粉□藥水_____cc、_____cc

2.身體狀況：
□正常 / 體溫:上午_____下午_____
□不適症狀：□發燒___度 □嘔吐
□咳嗽□流鼻涕□鼻塞□紅疹□疲倦
□其他：_____

托育活動

□故事欣賞　□音樂欣賞　□教具操作
□嬰幼兒按摩□戶外散步　□音樂律動
□大肌肉活動□小肌肉活動
□其他活動_____

叮嚀事項

今日帶回清洗：□衣褲 □寢具
寶寶用品需再添加，請準備物品如下：
□尿布□濕紙巾□衛生紙□紗布巾
□備用衣_____件 /褲(長/短) _____件
□其他_____

親師交流園地

老師的話

老師簽名：_____

親師交流

家長簽名：_____

寶寶生活日記

_____年____月____日 星期_____

飲食方面

早上餵奶時間： 　　　：　　奶量_____c.c 中心餵奶時間： 時間___：___奶量___c.c 時間___：___奶量___c.c 時間___：___奶量___c.c 時間___：___奶量___c.c	餐點： □飯□粥□麵食 □肉類□魚/海鮮 □蔬菜□蛋/豆類 □精緻澱粉類 □副食品：_____	食量： 早上□量多□正常□量少 中午□量多□正常□量少 下午□量多□正常□量少 （評量標準：量多(>1 份) 正常(≧0.8 份) 量少(≦0.5 份)

排便方面

□無　□有，排便時間：_____：_____、_____：_____、_____：_____、_____：_____
狀況：□正常 □偏硬 □偏軟□腹瀉 □其他_____

睡眠情形 / 情緒行為

睡眠情形	情緒行為
睡眠時間：____：____ ～ ____：____ □安穩 □普通 □不安穩 □原因_____	□快樂 □不安 □哭鬧 □焦慮 □其他_____ □處理方式_____

健康紀錄

1.用藥時間：	2.身體狀況：
吃藥時間：____：____老師簽名：_____ □藥粉□藥水____cc、____cc 吃藥時間：____：____老師簽名：_____ □藥粉□藥水____cc、____cc	□正常 / 體溫：上午_____下午_____ □不適症狀：□發燒___度 □嘔吐 □咳嗽□流鼻涕□鼻塞□紅疹□疲倦 □其他：_____

托育活動 / 叮嚀事項

托育活動	叮嚀事項
□故事欣賞 □音樂欣賞 □教具操作 □嬰幼兒按摩□戶外散步 □音樂律動 □大肌肉活動□小肌肉活動 □其他活動_____	今日帶回清洗：□衣褲 □寢具 寶寶用品需再添加，請準備物品如下： □尿布□濕紙巾□衛生紙□紗布巾 □備用衣_____件 /褲(長/短)_____件 □其他_____

親師交流園地

老師的話	親師交流
       老師簽名：_____	 家長簽名：_____

寶寶生活日記

＿＿＿年＿＿＿月＿＿＿日 星期＿＿＿＿＿

飲食方面		
早上餵奶時間： ＿＿＿＿：＿＿＿＿奶量＿＿＿＿＿＿c.c 中心餵奶時間： 時間＿＿＿：＿＿奶量＿＿＿c.c 時間＿＿＿：＿＿奶量＿＿＿c.c 時間＿＿＿：＿＿奶量＿＿＿c.c 時間＿＿＿：＿＿奶量＿＿＿c.c	餐點： □飯□粥□麵食 □肉類□魚/海鮮 □蔬菜□蛋/豆類 □精緻澱粉類 □副食品：＿＿＿＿＿＿	食量： 早上□量多□正常□量少 中午□量多□正常□量少 下午□量多□正常□量少 (評量標準：量多(>1份) 正常(≧0.8份) 量少(≦0.5份)

排便方面

□無　□有，排便時間：＿＿＿：＿＿＿、＿＿＿：＿＿＿、＿＿＿：＿＿＿、＿＿＿：＿＿＿

狀況：□正常 □偏硬 □偏軟□腹瀉 □其他＿＿＿＿＿＿＿＿＿＿

睡眠情形	情緒行為
睡眠時間：＿＿＿：＿＿＿ ～ ＿＿＿：＿＿＿ □安穩 □普通 □不安穩 □原因＿＿＿＿＿＿＿＿	□快樂 □不安 □哭鬧 □焦慮 □其他＿＿＿＿＿＿＿＿＿＿＿＿ □處理方式＿＿＿＿＿＿＿＿

健康紀錄

1.用藥時間： 吃藥時間：＿＿＿：＿＿老師簽名：＿＿＿＿＿ □藥粉□藥水＿＿＿cc、＿＿＿cc 吃藥時間：＿＿＿：＿＿老師簽名：＿＿＿＿＿ □藥粉□藥水＿＿＿cc、＿＿＿cc	2.身體狀況： □正常 / 體溫:上午＿＿＿＿下午＿＿＿＿ □不適症狀：□發燒＿＿＿度 □嘔吐 □咳嗽□流鼻涕□鼻塞□紅疹□疲倦 □其他：＿＿＿＿＿＿＿

托育活動	叮嚀事項
□故事欣賞 □音樂欣賞 □教具操作 □嬰幼兒按摩□戶外散步 □音樂律動 □大肌肉活動□小肌肉活動 □其他活動＿＿＿＿＿＿＿	今日帶回清洗：□衣褲 □寢具 寶寶用品需再添加，請準備物品如下： □尿布□濕紙巾□衛生紙□紗布巾 □備用衣＿＿＿＿件 /褲(長/短)＿＿＿＿件 □其他＿＿＿＿＿＿＿

親師交流園地

老師的話	親師交流
        老師簽名：＿＿＿＿＿＿＿＿＿＿	 家長簽名：＿＿＿＿＿＿＿＿＿＿

寶寶生活日記

_____年_____月_____日 星期_____

飲食方面

| 早上餵奶時間：
_____：_____ 奶量_____c.c
中心餵奶時間：
時間_____：_____ 奶量_____c.c
時間_____：_____ 奶量_____c.c
時間_____：_____ 奶量_____c.c
時間_____：_____ 奶量_____c.c | 餐點：
□飯□粥□麵食
□肉類□魚/海鮮
□蔬菜□蛋/豆類
□精緻澱粉類

□副食品：_____ | 食量：
早上□量多□正常□量少
中午□量多□正常□量少
下午□量多□正常□量少
（評量標準：量多(>1份)
正常(≧0.8份)
量少(≦0.5份) |

排便方面

□無　□有，排便時間：_____：_____、_____：_____、_____：_____、_____：_____

狀況：□正常 □偏硬 □偏軟□腹瀉 □其他_____

睡眠情形 / 情緒行為

睡眠情形	情緒行為
睡眠時間：_____：_____ ～ _____：_____ □安穩 □普通 □不安穩 □原因_____	□快樂 □不安 □哭鬧 □焦慮 □其他_____ □處理方式_____

健康紀錄

| 1.用藥時間：
吃藥時間：_____：_____ 老師簽名：_____
□藥粉□藥水_____cc、_____cc
吃藥時間：_____：_____ 老師簽名：_____
□藥粉□藥水_____cc、_____cc | 2.身體狀況：
□正常 / 體溫：上午_____ 下午_____
□不適症狀：□發燒_____度 □嘔吐
□咳嗽□流鼻涕□鼻塞□紅疹□疲倦
□其他：_____ |

托育活動 / 叮嚀事項

托育活動	叮嚀事項
□故事欣賞　□音樂欣賞　□教具操作 □嬰幼兒按摩□戶外散步　□音樂律動 □大肌肉活動□小肌肉活動 □其他活動_____	今日帶回清洗：□衣褲 □寢具 寶寶用品需再添加，請準備物品如下： □尿布□濕紙巾□衛生紙□紗布巾 □備用衣_____件 /褲(長/短)_____件 □其他_____

親師交流園地

老師的話	親師交流
         老師簽名：_____	 家長簽名：_____

寶寶生活日記

_____年_____月_____日 星期_____

飲食方面

| 早上餵奶時間：
_____:_____ 奶量_____c.c
中心餵奶時間：
時間_____:_____ 奶量_____c.c
時間_____:_____ 奶量_____c.c
時間_____:_____ 奶量_____c.c
時間_____:_____ 奶量_____c.c | 餐點：
□飯□粥□麵食
□肉類□魚/海鮮
□蔬菜□蛋/豆類
□精緻澱粉類

□副食品：_____ | 食量：
早上□量多□正常□量少
中午□量多□正常□量少
下午□量多□正常□量少
（評量標準:量多(>1份)
正常(≧0.8份)
量少(≦0.5份) |

排便方面

□無　□有，排便時間：_____:_____、_____:_____、_____:_____、_____:_____
狀況：□正常 □偏硬 □偏軟□腹瀉 □其他_____

睡眠情形	情緒行為
睡眠時間：_____:_____ ～ _____:_____ □安穩 □普通 □不安穩 □原因_____	□快樂 □不安 □哭鬧 □焦慮 □其他_____ □處理方式_____

健康紀錄

| 1.用藥時間：
吃藥時間：_____:_____ 老師簽名：_____
□藥粉□藥水_____cc、_____cc
吃藥時間：_____:_____ 老師簽名：_____
□藥粉□藥水_____cc、_____cc | 2.身體狀況：
□正常 / 體溫:上午_____下午_____
□不適症狀：□發燒___度 □嘔吐
□咳嗽□流鼻涕□鼻塞□紅疹□疲倦
□其他：_____ |

托育活動	叮嚀事項
□故事欣賞 □音樂欣賞 □教具操作 □嬰幼兒按摩□戶外散步 □音樂律動 □大肌肉活動□小肌肉活動 □其他活動_____	今日帶回清洗：□衣褲 □寢具 寶寶用品需再添加，請準備物品如下： □尿布□濕紙巾□衛生紙□紗布巾 □備用衣_____件 /褲(長/短) _____件 □其他_____

親師交流園地

老師的話	親師交流
        老師簽名：_____	 家長簽名：_____

寶寶生活日記

_____年_____月_____日 星期_____

飲食方面

早上餵奶時間：
_____：_____奶量_____c.c

中心餵奶時間：

時間_____：_____奶量_____c.c

時間_____：_____奶量_____c.c

時間_____：_____奶量_____c.c

時間_____：_____奶量_____c.c

餐點：
☐飯☐粥☐麵食
☐肉類☐魚/海鮮
☐蔬菜☐蛋/豆類
☐精緻澱粉類

☐副食品：_____

食量：
早上☐量多☐正常☐量少
中午☐量多☐正常☐量少
下午☐量多☐正常☐量少
（評量標準：量多(>1份)
正常(≧0.8份)
量少(≦0.5份)

排便方面

☐無　☐有，排便時間：_____：_____、_____：_____、_____：_____、_____：_____
狀況：☐正常 ☐偏硬 ☐偏軟☐腹瀉 ☐其他_____

睡眠情形

睡眠時間：_____：_____ ～ _____：_____
☐安穩 ☐普通 ☐不安穩
☐原因_____

情緒行為

☐快樂 ☐不安 ☐哭鬧 ☐焦慮
☐其他_____
☐處理方式_____

健康紀錄

1.用藥時間：

吃藥時間：_____：_____老師簽名：_____

☐藥粉☐藥水_____cc、_____cc

吃藥時間：_____：_____老師簽名：_____

☐藥粉☐藥水_____cc、_____cc

2.身體狀況：

☐正常 / 體溫：上午_____下午_____
☐不適症狀：☐發燒_____度 ☐嘔吐
☐咳嗽☐流鼻涕☐鼻塞☐紅疹☐疲倦
☐其他：_____

托育活動

☐故事欣賞 ☐音樂欣賞 ☐教具操作
☐嬰幼兒按摩☐戶外散步 ☐音樂律動
☐大肌肉活動☐小肌肉活動
☐其他活動_____

叮嚀事項

今日帶回清洗：☐衣褲 ☐寢具
寶寶用品需再添加，請準備物品如下：
☐尿布☐濕紙巾☐衛生紙☐紗布巾
☐備用衣_____件 /褲(長/短) _____件
☐其他_____

親師交流園地

老師的話

親師交流

老師簽名：_____

家長簽名：_____

寶寶生活日記

____年____月____日 星期_____

飲食方面

早上餵奶時間：
____：____奶量_____c.c

中心餵奶時間：
時間____：____奶量____c.c
時間____：____奶量____c.c
時間____：____奶量____c.c
時間____：____奶量____c.c

餐點：
□飯□粥□麵食
□肉類□魚/海鮮
□蔬菜□蛋/豆類
□精緻澱粉類

□副食品：_____

食量：
早上□量多□正常□量少
中午□量多□正常□量少
下午□量多□正常□量少
(評量標準:量多(>1 份)
正常(≧0.8 份)
量少(≦0.5 份)

排便方面

□無　□有，排便時間：____：____、____：____、____：____、____：____
狀況：□正常□偏硬□偏軟□腹瀉□其他_____

睡眠情形

睡眠時間：____：____ ～ ____：____
□安穩□普通□不安穩
□原因_____

情緒行為

□快樂□不安□哭鬧□焦慮
□其他_____
□處理方式_____

健康紀錄

1.用藥時間：
吃藥時間：____：____老師簽名：_____
□藥粉□藥水____cc、____cc
吃藥時間：____：____老師簽名：_____
□藥粉□藥水____cc、____cc

2.身體狀況：
□正常 / 體溫:上午_____下午_____
□不適症狀：□發燒___度 □嘔吐
□咳嗽□流鼻涕□鼻塞□紅疹□疲倦
□其他：

托育活動

□故事欣賞□音樂欣賞□教具操作
□嬰幼兒按摩□戶外散步□音樂律動
□大肌肉活動□小肌肉活動
□其他活動_____

叮嚀事項

今日帶回清洗：□衣褲□寢具
寶寶用品需再添加，請準備物品如下：
□尿布□濕紙巾□衛生紙□紗布巾
□備用衣_____件 /褲(長/短)_____件
□其他_____

親師交流園地

老師的話

親師交流

老師簽名：_____

家長簽名：_____

寶寶生活日記

_____年____月____日 星期_____

飲食方面

早上餵奶時間：

_____：_____奶量_____c.c

中心餵奶時間：

時間_____：_____奶量_____c.c

時間_____：_____奶量_____c.c

時間_____：_____奶量_____c.c

時間_____：_____奶量_____c.c

餐點：

☐飯☐粥☐麵食

☐肉類☐魚/海鮮

☐蔬菜☐蛋/豆類

☐精緻澱粉類

☐副食品：_____

食量：

早上☐量多☐正常☐量少

中午☐量多☐正常☐量少

下午☐量多☐正常☐量少

（評量標準：量多(>1份)

正常(≧0.8份)

量少(≦0.5份)

排便方面

☐無　☐有，排便時間：_____：_____、_____：_____、_____：_____、_____：_____

狀況：☐正常☐偏硬☐偏軟☐腹瀉☐其他_____

睡眠情形

睡眠時間：_____：_____ ～ _____：_____

☐安穩☐普通☐不安穩

☐原因_____

情緒行為

☐快樂☐不安☐哭鬧☐焦慮

☐其他_____

☐處理方式_____

健康紀錄

1.用藥時間：

吃藥時間：_____：_____老師簽名：_____

☐藥粉☐藥水_____cc、_____cc

吃藥時間：_____：_____老師簽名：_____

☐藥粉☐藥水_____cc、_____cc

2.身體狀況：

☐正常／體溫：上午_____下午_____

☐不適症狀：☐發燒___度☐嘔吐

☐咳嗽☐流鼻涕☐鼻塞☐紅疹☐疲倦

☐其他：_____

托育活動

☐故事欣賞☐音樂欣賞☐教具操作

☐嬰幼兒按摩☐戶外散步☐音樂律動

☐大肌肉活動☐小肌肉活動

☐其他活動_____

叮嚀事項

今日帶回清洗：☐衣褲☐寢具

寶寶用品需再添加，請準備物品如下：

☐尿布☐濕紙巾☐衛生紙☐紗布巾

☐備用衣_____件／褲(長/短)_____件

☐其他_____

親師交流園地

老師的話

親師交流

老師簽名：_____

家長簽名：_____

寶寶生活日記

<u>　　　</u>年<u>　　　</u>月<u>　　　</u>日 星期<u>　　　　　</u>

飲食方面

| 早上餵奶時間：
<u>　　</u>：<u>　　</u>奶量<u>　　　　</u>c.c
中心餵奶時間：
時間<u>　　</u>：<u>　　</u>奶量<u>　　</u>c.c
時間<u>　　</u>：<u>　　</u>奶量<u>　　</u>c.c
時間<u>　　</u>：<u>　　</u>奶量<u>　　</u>c.c
時間<u>　　</u>：<u>　　</u>奶量<u>　　</u>c.c | 餐點：
□飯□粥□麵食
□肉類□魚/海鮮
□蔬菜□蛋/豆類
□精緻澱粉類

□副食品：<u>　　　　　</u> | 食量：
早上□量多□正常□量少
中午□量多□正常□量少
下午□量多□正常□量少
（評量標準：量多（>1份）
正常（≧0.8份）
量少（≦0.5份） |

排便方面

□無　　□有，排便時間：<u>　　　</u>：<u>　　　</u>、<u>　　　</u>：<u>　　　</u>、<u>　　　</u>：<u>　　　</u>、<u>　　　</u>：<u>　　　</u>

狀況：□正常 □偏硬 □偏軟□腹瀉 □其他<u>　　　　　　　　　</u>

睡眠情形	情緒行為
睡眠時間：<u>　　</u>：<u>　　</u> ～ <u>　　</u>：<u>　　</u> □安穩 □普通 □不安穩 □原因<u>　　　　　　　</u>	□快樂 □不安 □哭鬧 □焦慮 □其他<u>　　　　　　　　　</u> □處理方式<u>　　　　　　</u>

健康紀錄

| 1.用藥時間：
吃藥時間：<u>　　　</u>：<u>　　</u>老師簽名：<u>　　　　</u>
□藥粉□藥水<u>　　</u>cc、<u>　　</u>cc
吃藥時間：<u>　　</u>：<u>　　</u>老師簽名：<u>　　　</u>
□藥粉□藥水<u>　　</u>cc、<u>　　</u>cc | 2.身體狀況：
□正常 / 體溫:上午<u>　　　</u>下午<u>　　　</u>
□不適症狀：□發燒<u>　　</u>度 □嘔吐
□咳嗽□流鼻涕□鼻塞□紅疹□疲倦
□其他：<u>　　　　　　</u> |

托育活動	叮嚀事項
□故事欣賞 □音樂欣賞□教具操作 □嬰幼兒按摩□戶外散步 □音樂律動 □大肌肉活動□小肌肉活動 □其他活動<u>　　　　　　</u>	今日帶回清洗：□衣褲 □寢具 寶寶用品需再添加，請準備物品如下： □尿布□濕紙巾□衛生紙□紗布巾 □備用衣<u>　　　</u>件 /褲(長/短) <u>　　　</u>件 □其他<u>　　　　</u>

親師交流園地

老師的話	親師交流
老師簽名：<u>　　　　　　</u>	家長簽名：<u>　　　　　　</u>

寶寶生活日記

_____年_____月_____日 星期_____

飲食方面

早上餵奶時間： _____：_____奶量_____c.c 中心餵奶時間： 時間_____：_____奶量_____c.c 時間_____：_____奶量_____c.c 時間_____：_____奶量_____c.c 時間_____：_____奶量_____c.c	餐點： ☐飯☐粥☐麵食 ☐肉類☐魚/海鮮 ☐蔬菜☐蛋/豆類 ☐精緻澱粉類 ☐副食品：_____	食量： 早上☐量多☐正常☐量少 中午☐量多☐正常☐量少 下午☐量多☐正常☐量少 （評量標準：量多(>1份) 正常(≧0.8份) 量少(≦0.5份)

排便方面

☐無　☐有，排便時間：_____：_____、_____：_____、_____：_____、_____：_____

狀況：☐正常 ☐偏硬 ☐偏軟☐腹瀉 ☐其他_____

睡眠情形	情緒行為
睡眠時間：_____：_____ ～ _____：_____ ☐安穩 ☐普通 ☐不安穩 ☐原因_____	☐快樂 ☐不安 ☐哭鬧 ☐焦慮 ☐其他_____ ☐處理方式_____

健康紀錄

1.用藥時間： 吃藥時間：_____：_____老師簽名：_____ ☐藥粉☐藥水_____CC、_____CC 吃藥時間：_____：_____老師簽名：_____ ☐藥粉☐藥水_____CC、_____CC	2.身體狀況： ☐正常 / 體溫：上午_____下午_____ ☐不適症狀：☐發燒___度 ☐嘔吐 ☐咳嗽☐流鼻涕☐鼻塞☐紅疹☐疲倦 ☐其他：_____

托育活動	叮嚀事項
☐故事欣賞 ☐音樂欣賞 ☐教具操作 ☐嬰幼兒按摩☐戶外散步 ☐音樂律動 ☐大肌肉活動☐小肌肉活動 ☐其他活動_____	今日帶回清洗：☐衣褲 ☐寢具 寶寶用品需再添加，請準備物品如下： ☐尿布☐濕紙巾☐衛生紙☐紗布巾 ☐備用衣_____件 /褲(長/短)_____件 ☐其他_____

親師交流園地

老師的話	親師交流
       老師簽名：_____	 家長簽名：_____

寶寶生活日記

_____年_____月_____日 星期_____

飲食方面		

早上餵奶時間：
_____：_____ 奶量_____c.c

中心餵奶時間：
時間_____：_____奶量_____c.c
時間_____：_____奶量_____c.c
時間_____：_____奶量_____c.c
時間_____：_____奶量_____c.c

餐點：
□飯□粥□麵食
□肉類□魚/海鮮
□蔬菜□蛋/豆類
□精緻澱粉類

□副食品：_____

食量：
早上□量多□正常□量少
中午□量多□正常□量少
下午□量多□正常□量少
（評量標準：量多(>1份)
正常(≧0.8份)
量少(≦0.5份)

排便方面

□無　□有，排便時間：_____：_____ 、_____：_____ 、_____：_____ 、_____：_____
狀況：□正常 □偏硬 □偏軟□腹瀉 □其他_____

睡眠情形	情緒行為

睡眠時間：_____：_____ ～ _____：_____
□安穩 □普通 □不安穩
□原因_____

□快樂 □不安 □哭鬧 □焦慮
□其他_____
□處理方式_____

健康紀錄

1.用藥時間：
吃藥時間：_____：_____老師簽名：_____
□藥粉□藥水_____cc、_____cc
吃藥時間：_____：_____老師簽名：_____
□藥粉□藥水_____cc、_____cc

2.身體狀況：
□正常 / 體溫:上午_____下午_____
□不適症狀：□發燒___度 □嘔吐
□咳嗽□流鼻涕□鼻塞□紅疹□疲倦
□其他：_____

托育活動	叮嚀事項

□故事欣賞 □音樂欣賞 □教具操作
□嬰幼兒按摩□戶外散步 □音樂律動
□大肌肉活動□小肌肉活動
□其他活動_____

今日帶回清洗：□衣褲 □寢具
寶寶用品需再添加，請準備物品如下：
□尿布□濕紙巾□衛生紙□紗布巾
□備用衣_____件 /褲(長/短) _____件
□其他_____

親師交流園地

老師的話

老師簽名：_____

親師交流

家長簽名：_____

寶寶生活日記

____年____月____日 星期_____

飲食方面

早上餵奶時間：

____：____ 奶量_____c.c

中心餵奶時間：

時間____：____ 奶量____c.c

時間____：____ 奶量____c.c

時間____：____ 奶量____c.c

時間____：____ 奶量____c.c

餐點：

□飯□粥□麵食

□肉類□魚/海鮮

□蔬菜□蛋/豆類

□精緻澱粉類

□副食品：_____

食量：

早上□量多□正常□量少

中午□量多□正常□量少

下午□量多□正常□量少

（評量標準：量多(>1 份)

正常(≧0.8 份)

量少(≦0.5 份)

排便方面

□無　□有，排便時間：____：____ 、____：____ 、____：____ 、____：____

狀況：□正常　□偏硬　□偏軟□腹瀉 □其他_____

睡眠情形

睡眠時間：____：____ ～ ____：____

□安穩 □普通 □不安穩

□原因_____

情緒行為

□快樂 □不安 □哭鬧 □焦慮

□其他_____

□處理方式_____

健康紀錄

1.用藥時間：

吃藥時間：____：____老師簽名：_____

□藥粉□藥水____CC、____CC

吃藥時間：____：____老師簽名：_____

□藥粉□藥水____CC、____CC

2.身體狀況：

□正常 / 體溫:上午_____下午_____

□不適症狀：□發燒____度 □嘔吐

□咳嗽□流鼻涕□鼻塞□紅疹□疲倦

□其他：_____

托育活動

□故事欣賞　□音樂欣賞 □教具操作

□嬰幼兒按摩□戶外散步 □音樂律動

□大肌肉活動□小肌肉活動

□其他活動_____

叮嚀事項

今日帶回清洗：□衣褲 □寢具

寶寶用品需再添加，請準備物品如下：

□尿布□濕紙巾□衛生紙□紗布巾

□備用衣_____件 /褲(長/短) _____件

□其他_____

親師交流園地

老師的話

親師交流

老師簽名：_____

家長簽名：_____

寶寶生活日記

_____年_____月_____日 星期_____

飲食方面

早上餵奶時間：
_____：_____奶量_____c.c
中心餵奶時間：
時間_____：_____奶量_____c.c
時間_____：_____奶量_____c.c
時間_____：_____奶量_____c.c
時間_____：_____奶量_____c.c

餐點：
□飯□粥□麵食
□肉類□魚/海鮮
□蔬菜□蛋/豆類
□精緻澱粉類

□副食品：_____

食量：
早上□量多□正常□量少
中午□量多□正常□量少
下午□量多□正常□量少
（評量標準：量多(>1份)
正常(≧0.8份)
量少(≦0.5份)

排便方面

□無　□有，排便時間：_____：_____、_____：_____、_____：_____、_____：_____
狀況：□正常　□偏硬　□偏軟□腹瀉　□其他_____

睡眠情形

睡眠時間：_____：_____ ～ _____：_____
□安穩 □普通 □不安穩
□原因_____

情緒行為

□快樂 □不安 □哭鬧 □焦慮
□其他_____
□處理方式_____

健康紀錄

1.用藥時間：
吃藥時間：_____：_____老師簽名：_____
□藥粉□藥水____CC、____CC
吃藥時間：_____：_____老師簽名：_____
□藥粉□藥水____CC、____CC

2.身體狀況：
□正常 / 體溫:上午_____下午_____
□不適症狀：□發燒___度 □嘔吐
□咳嗽□流鼻涕□鼻塞□紅疹□疲倦
□其他：_____

托育活動

□故事欣賞　□音樂欣賞□教具操作
□嬰幼兒按摩□戶外散步□音樂律動
□大肌肉活動□小肌肉活動
□其他活動_____

叮嚀事項

今日帶回清洗：□衣褲　□寢具
寶寶用品需再添加，請準備物品如下：
□尿布□濕紙巾□衛生紙□紗布巾
□備用衣_____件 /褲(長/短) _____件
□其他_____

親師交流園地

老師的話

老師簽名：_____

親師交流

家長簽名：_____

寶寶生活日記

_____年_____月_____日 星期_____

飲食方面

早上餵奶時間：

_____:_____奶量_____c.c

中心餵奶時間：

時間_____:_____奶量_____c.c

時間_____:_____奶量_____c.c

時間_____:_____奶量_____c.c

時間_____:_____奶量_____c.c

餐點：

□飯□粥□麵食

□肉類□魚/海鮮

□蔬菜□蛋/豆類

□精緻澱粉類

□副食品：_____

食量：

早上□量多□正常□量少

中午□量多□正常□量少

下午□量多□正常□量少

（評量標準：量多(>1 份)

正常(≧0.8 份)

量少(≦0.5 份)

排便方面

□無　□有，排便時間：_____:_____、_____:_____、_____:_____、_____:_____

狀況：□正常　□偏硬　□偏軟□腹瀉　□其他_____

睡眠情形

睡眠時間：_____:_____ ～ _____:_____

□安穩 □普通 □不安穩

□原因_____

情緒行為

□快樂 □不安 □哭鬧 □焦慮

□其他_____

□處理方式_____

健康紀錄

1.用藥時間：

吃藥時間：_____:_____老師簽名：_____

□藥粉□藥水_____CC、_____CC

吃藥時間：_____:_____老師簽名：_____

□藥粉□藥水_____CC、_____CC

2.身體狀況：

□正常 / 體溫:上午_____下午_____

□不適症狀：□發燒___度 □嘔吐

□咳嗽□流鼻涕□鼻塞□紅疹□疲倦

□其他：_____

托育活動

□故事欣賞　□音樂欣賞　□教具操作

□嬰幼兒按摩□戶外散步　□音樂律動

□大肌肉活動□小肌肉活動

□其他活動_____

叮嚀事項

今日帶回清洗：□衣褲 □寢具

寶寶用品需再添加，請準備物品如下：

□尿布□濕紙巾□衛生紙□紗布巾

□備用衣_____件 /褲(長/短) _____件

□其他_____

親師交流園地

老師的話

老師簽名：_____

親師交流

家長簽名：_____

寶寶生活日記

_____年_____月_____日 星期_____

飲食方面

早上餵奶時間：
_____：_____奶量_____c.c

中心餵奶時間：
時間_____：_____奶量_____c.c
時間_____：_____奶量_____c.c
時間_____：_____奶量_____c.c
時間_____：_____奶量_____c.c

餐點：
☐飯☐粥☐麵食
☐肉類☐魚/海鮮
☐蔬菜☐蛋/豆類
☐精緻澱粉類

☐副食品：_____

食量：
早上☐量多☐正常☐量少
中午☐量多☐正常☐量少
下午☐量多☐正常☐量少
(評量標準:量多(>1份)
正常(≧0.8份)
量少(≦0.5份)

排便方面

☐無　☐有，排便時間：_____：_____、_____：_____、_____：_____、_____：_____
狀況：☐正常 ☐偏硬 ☐偏軟☐腹瀉 ☐其他_____

睡眠情形	情緒行為
睡眠時間：_____：_____ ～ _____：_____ ☐安穩 ☐普通 ☐不安穩 ☐原因	☐快樂 ☐不安 ☐哭鬧 ☐焦慮 ☐其他_____ ☐處理方式_____

健康紀錄

1.用藥時間：
吃藥時間：_____：_____老師簽名：_____
☐藥粉☐藥水_____cc、_____cc
吃藥時間：_____：_____老師簽名：_____
☐藥粉☐藥水_____cc、_____cc

2.身體狀況：
☐正常 / 體溫:上午_____下午_____
☐不適症狀：☐發燒___度 ☐嘔吐
☐咳嗽☐流鼻涕☐鼻塞☐紅疹☐疲倦
☐其他：_____

托育活動	叮嚀事項
☐故事欣賞　☐音樂欣賞☐教具操作 ☐嬰幼兒按摩☐戶外散步 ☐音樂律動 ☐大肌肉活動☐小肌肉活動 ☐其他活動_____	今日帶回清洗：☐衣褲 ☐寢具 寶寶用品需再添加，請準備物品如下： ☐尿布☐濕紙巾☐衛生紙☐紗布巾 ☐備用衣_____件 /褲(長/短) _____件 ☐其他

親師交流園地

老師的話	親師交流

老師簽名：_____　　　　家長簽名：_____

寶寶生活日記

____年____月____日 星期_____

飲食方面

早上餵奶時間:
____:____ 奶量_____c.c

中心餵奶時間:
時間____:____奶量____c.c
時間____:____奶量____c.c
時間____:____奶量____c.c
時間____:____奶量____c.c

餐點:
□飯□粥□麵食
□肉類□魚/海鮮
□蔬菜□蛋/豆類
□精緻澱粉類

□副食品:_____

食量:
早上□量多□正常□量少
中午□量多□正常□量少
下午□量多□正常□量少
(評量標準:量多(>1份)
正常(≧0.8份)
量少(≦0.5份)

排便方面

□無 □有,排便時間:____:____、____:____、____:____、____:____
狀況:□正常 □偏硬 □偏軟□腹瀉 □其他_____

睡眠情形

睡眠時間:____:____ ～ ____:____
□安穩 □普通 □不安穩
□原因_____

情緒行為

□快樂 □不安 □哭鬧 □焦慮
□其他_____
□處理方式_____

健康紀錄

1.用藥時間:
吃藥時間:____:____ 老師簽名:_____
□藥粉□藥水____cc、____cc
吃藥時間:____:____ 老師簽名:_____
□藥粉□藥水____cc、____cc

2.身體狀況:
□正常 / 體溫:上午_____下午_____
□不適症狀:□發燒____度 □嘔吐
□咳嗽□流鼻涕□鼻塞□紅疹□疲倦
□其他:_____

托育活動

□故事欣賞 □音樂欣賞 □教具操作
□嬰幼兒按摩□戶外散步 □音樂律動
□大肌肉活動□小肌肉活動
□其他活動_____

叮嚀事項

今日帶回清洗:□衣褲 □寢具
寶寶用品需再添加,請準備物品如下:
□尿布□濕紙巾□衛生紙□紗布巾
□備用衣_____件 /褲(長/短)_____件
□其他_____

親師交流園地

老師的話

老師簽名:_____

親師交流

家長簽名:_____

寶寶生活日記

＿＿＿年＿＿＿月＿＿＿日 星期＿＿＿＿

飲食方面

早上餵奶時間：
＿＿＿＿：＿＿＿＿ 奶量＿＿＿＿c.c
中心餵奶時間：
時間＿＿＿：＿＿ 奶量＿＿＿c.c
時間＿＿＿：＿＿ 奶量＿＿＿c.c
時間＿＿＿：＿＿ 奶量＿＿＿c.c
時間＿＿＿：＿＿ 奶量＿＿＿c.c

餐點：
□飯□粥□麵食
□肉類□魚/海鮮
□蔬菜□蛋/豆類
□精緻澱粉類

□副食品：＿＿＿＿＿＿

食量：
早上□量多□正常□量少
中午□量多□正常□量少
下午□量多□正常□量少
（評量標準：量多(>1份)
正常(≧0.8份)
量少(≦0.5份)

排便方面

□無　□有，排便時間：＿＿＿：＿＿＿、＿＿＿：＿＿＿、＿＿＿：＿＿＿、＿＿＿：＿＿＿
狀況：□正常 □偏硬 □偏軟□腹瀉 □其他＿＿＿＿＿＿＿＿＿

睡眠情形

睡眠時間：＿＿＿：＿＿ ～ ＿＿＿：＿＿
□安穩 □普通 □不安穩
□原因＿＿＿＿＿＿＿＿

情緒行為

□快樂 □不安 □哭鬧 □焦慮
□其他＿＿＿＿＿＿＿＿
□處理方式＿＿＿＿＿＿＿

健康紀錄

1.用藥時間：
吃藥時間：＿＿＿：＿＿老師簽名：＿＿＿＿＿
□藥粉□藥水＿＿＿cc、＿＿＿cc
吃藥時間：＿＿＿：＿＿老師簽名：＿＿＿＿＿
□藥粉□藥水＿＿＿cc、＿＿＿cc

2.身體狀況：
□正常 ／ 體溫:上午＿＿＿＿下午＿＿＿
□不適症狀：□發燒＿＿＿度 □嘔吐
□咳嗽□流鼻涕□鼻塞□紅疹□疲倦
□其他：＿＿＿＿＿＿＿

托育活動

□故事欣賞 □音樂欣賞 □教具操作
□嬰幼兒按摩□戶外散步 □音樂律動
□大肌肉活動□小肌肉活動
□其他活動＿＿＿＿＿＿＿

叮嚀事項

今日帶回清洗：□衣褲 □寢具
寶寶用品需再添加，請準備物品如下：
□尿布□濕紙巾□衛生紙□紗布巾
□備用衣＿＿＿＿件 ／褲(長/短) ＿＿＿＿件
□其他＿＿＿＿＿

親師交流園地

老師的話

老師簽名：＿＿＿＿＿＿

親師交流

家長簽名：＿＿＿＿＿＿

寶寶生活日記

_____年_____月_____日 星期_____

飲食方面

早上餵奶時間： _____：_____奶量_____c.c 中心餵奶時間： 時間_____：_____奶量_____c.c 時間_____：_____奶量_____c.c 時間_____：_____奶量_____c.c 時間_____：_____奶量_____c.c	餐點： □飯□粥□麵食 □肉類□魚/海鮮 □蔬菜□蛋/豆類 □精緻澱粉類 □副食品：_____	食量： 早上□量多□正常□量少 中午□量多□正常□量少 下午□量多□正常□量少 （評量標準：量多(>1份) 正常(≧0.8份) 量少(≦0.5份)

排便方面

□無　□有，排便時間：_____：_____、_____：_____、_____：_____、_____：_____
狀況：□正常□偏硬□偏軟□腹瀉□其他_____

睡眠情形 / 情緒行為

睡眠情形	情緒行為
睡眠時間：_____：_____ ～ _____：_____ □安穩□普通□不安穩 □原因_____	□快樂□不安□哭鬧□焦慮 □其他_____ □處理方式_____

健康紀錄

1.用藥時間：	2.身體狀況：
吃藥時間：_____：_____老師簽名：_____ □藥粉□藥水_____cc、_____cc 吃藥時間：_____：_____老師簽名：_____ □藥粉□藥水_____cc、_____cc	□正常 / 體溫：上午_____下午_____ □不適症狀：□發燒_____度 □嘔吐 □咳嗽□流鼻涕□鼻塞□紅疹□疲倦 □其他：_____

托育活動 / 叮嚀事項

托育活動	叮嚀事項
□故事欣賞　□音樂欣賞　□教具操作 □嬰幼兒按摩□戶外散步　□音樂律動 □大肌肉活動□小肌肉活動 □其他活動_____	今日帶回清洗：□衣褲 □寢具 寶寶用品需再添加，請準備物品如下： □尿布□濕紙巾□衛生紙□紗布巾 □備用衣_____件 /褲(長/短)_____件 □其他_____

親師交流園地

老師的話	親師交流
       老師簽名：_____	 家長簽名：_____

寶寶生活日記

_____年_____月_____日 星期_____

飲食方面		
早上餵奶時間： _____：_____奶量_____c.c 中心餵奶時間： 時間_____：_____奶量_____c.c 時間_____：_____奶量_____c.c 時間_____：_____奶量_____c.c 時間_____：_____奶量_____c.c	餐點： □飯□粥□麵食 □肉類□魚/海鮮 □蔬菜□蛋/豆類 □精緻澱粉類 □副食品：_____	食量： 早上□量多□正常□量少 中午□量多□正常□量少 下午□量多□正常□量少 （評量標準：量多(>1 份) 正常(≧0.8 份) 量少(≦0.5 份)

排便方面

□無　　□有，排便時間：_____：_____、_____：_____、_____：_____、_____：_____
狀況：□正常　□偏硬　□偏軟□腹瀉　□其他_____

睡眠情形	情緒行為
睡眠時間：_____：_____ ～ _____：_____ □安穩　□普通　□不安穩 □原因_____	□快樂　□不安　□哭鬧　□焦慮 □其他_____ □處理方式_____

健康紀錄

1.用藥時間： 吃藥時間：_____：_____老師簽名：_____ □藥粉□藥水_____cc、_____cc 吃藥時間：_____：_____老師簽名：_____ □藥粉□藥水_____cc、_____cc	2.身體狀況： □正常 / 體溫：上午_____下午_____ □不適症狀：□發燒_____度　□嘔吐 □咳嗽□流鼻涕□鼻塞□紅疹□疲倦 □其他：_____

托育活動	叮嚀事項
□故事欣賞　□音樂欣賞　□教具操作 □嬰幼兒按摩□戶外散步　□音樂律動 □大肌肉活動□小肌肉活動 □其他活動_____	今日帶回清洗：□衣褲　□寢具 寶寶用品需再添加，請準備物品如下： □尿布□濕紙巾□衛生紙□紗布巾 □備用衣_____件 /褲(長/短) _____件 □其他_____

親師交流園地

老師的話	親師交流
        老師簽名：_____	 家長簽名：_____

寶寶生活日記

_____年_____月_____日 星期_____

飲食方面

早上餵奶時間： _____：_____奶量_____c.c 中心餵奶時間： 時間_____：_____奶量_____c.c 時間_____：_____奶量_____c.c 時間_____：_____奶量_____c.c 時間_____：_____奶量_____c.c	餐點： □飯□粥□麵食 □肉類□魚/海鮮 □蔬菜□蛋/豆類 □精緻澱粉類 □副食品：_____	食量： 早上□量多□正常□量少 中午□量多□正常□量少 下午□量多□正常□量少 (評量標準:量多(>1份) 正常(≧0.8份) 量少(≦0.5份)

排便方面

□無　□有，排便時間：_____：_____、_____：_____、_____：_____、_____：_____
狀況：□正常 □偏硬 □偏軟□腹瀉 □其他_____

睡眠情形 / 情緒行為

睡眠情形	情緒行為
睡眠時間：_____：_____ ～ _____：_____ □安穩 □普通 □不安穩 □原因_____	□快樂 □不安 □哭鬧 □焦慮 □其他_____ □處理方式_____

健康紀錄

1.用藥時間：	2.身體狀況：
吃藥時間：_____：_____老師簽名：_____ □藥粉□藥水_____cc、_____cc 吃藥時間：_____：_____老師簽名：_____ □藥粉□藥水_____cc、_____cc	□正常 / 體溫:上午_____下午_____ □不適症狀：□發燒___度 □嘔吐 □咳嗽□流鼻涕□鼻塞□紅疹□疲倦 □其他：_____

托育活動 / 叮嚀事項

托育活動	叮嚀事項
□故事欣賞 □音樂欣賞 □教具操作 □嬰幼兒按摩□戶外散步 □音樂律動 □大肌肉活動□小肌肉活動 □其他活動_____	今日帶回清洗：□衣褲 □寢具 寶寶用品需再添加，請準備物品如下： □尿布□濕紙巾□衛生紙□紗布巾 □備用衣_____件 /褲(長/短)_____件 □其他_____

親師交流園地

老師的話	親師交流
老師簽名：_____	家長簽名：_____

寶寶生活日記

＿＿＿年＿＿＿月＿＿＿日 星期＿＿＿＿＿

飲食方面		
早上餵奶時間： ＿＿＿：＿＿＿奶量＿＿＿＿c.c 中心餵奶時間： 時間＿＿＿：＿＿奶量＿＿＿c.c 時間＿＿＿：＿＿奶量＿＿＿c.c 時間＿＿＿：＿＿奶量＿＿＿c.c 時間＿＿＿：＿＿奶量＿＿＿c.c	餐點： □飯□粥□麵食 □肉類□魚/海鮮 □蔬菜□蛋/豆類 □精緻澱粉類 □副食品：＿＿＿＿＿＿＿	食量： 早上□量多□正常□量少 中午□量多□正常□量少 下午□量多□正常□量少 （評量標準：量多(>1 份) 正常(≧0.8 份) 量少(≦0.5 份)

排便方面
□無　□有，排便時間：＿＿＿＿：＿＿＿、＿＿＿：＿＿＿、＿＿＿：＿＿＿、＿＿＿：＿＿＿ 狀況：□正常 □偏硬 □偏軟□腹瀉 □其他＿＿＿＿＿＿＿＿＿＿＿

睡眠情形	情緒行為
睡眠時間：＿＿＿：＿＿＿ ～ ＿＿＿：＿＿＿ □安穩 □普通 □不安穩 □原因＿＿＿＿＿＿	□快樂 □不安 □哭鬧 □焦慮 □其他＿＿＿＿＿＿＿＿＿＿ □處理方式＿＿＿＿＿＿＿＿

健康紀錄	
1.用藥時間： 吃藥時間：＿＿＿：＿＿老師簽名：＿＿＿＿＿ □藥粉□藥水＿＿＿cc、＿＿＿cc 吃藥時間：＿＿＿：＿＿老師簽名：＿＿＿＿＿ □藥粉□藥水＿＿＿cc、＿＿＿cc	2.身體狀況： □正常 / 體溫：上午＿＿＿＿下午＿＿＿＿ □不適症狀：□發燒＿＿＿度 □嘔吐 □咳嗽□流鼻涕□鼻塞□紅疹□疲倦 □其他：＿＿＿＿＿＿＿

托育活動	叮嚀事項
□故事欣賞 □音樂欣賞 □教具操作 □嬰幼兒按摩□戶外散步 □音樂律動 □大肌肉活動□小肌肉活動 □其他活動＿＿＿＿＿＿＿	今日帶回清洗：□衣褲 □寢具 寶寶用品需再添加，請準備物品如下： □尿布□濕紙巾□衛生紙□紗布巾 □備用衣＿＿＿＿件 /褲(長/短) ＿＿＿＿件 □其他＿＿＿＿＿＿

親師交流園地	
老師的話	親師交流
老師簽名：＿＿＿＿＿＿＿＿	家長簽名：＿＿＿＿＿＿＿＿

寶寶生活日記

_____年_____月_____日 星期_____

飲食方面

早上餵奶時間：
_____:_____奶量_____c.c

中心餵奶時間：

時間____:____奶量____c.c

時間____:____奶量____c.c

時間____:____奶量____c.c

時間____:____奶量____c.c

餐點：
☐飯☐粥☐麵食
☐肉類☐魚/海鮮
☐蔬菜☐蛋/豆類
☐精緻澱粉類

☐副食品：_____

食量：
早上☐量多☐正常☐量少
中午☐量多☐正常☐量少
下午☐量多☐正常☐量少
（評量標準：量多(>1份)
正常(≧0.8份)
量少(≦0.5份)

排便方面

☐無 ☐有，排便時間：____:____、____:____、____:____、____:____
狀況：☐正常 ☐偏硬 ☐偏軟☐腹瀉 ☐其他_____

睡眠情形	情緒行為
睡眠時間：____:____ ～ ____:____ ☐安穩 ☐普通 ☐不安穩 ☐原因_____	☐快樂 ☐不安 ☐哭鬧 ☐焦慮 ☐其他_____ ☐處理方式_____

健康紀錄

1.用藥時間： 吃藥時間：____:____老師簽名：_____ ☐藥粉☐藥水____cc、____cc 吃藥時間：____:____老師簽名：_____ ☐藥粉☐藥水____cc、____cc	2.身體狀況： ☐正常 / 體溫:上午_____下午_____ ☐不適症狀：☐發燒___度 ☐嘔吐 ☐咳嗽☐流鼻涕☐鼻塞☐紅疹☐疲倦 ☐其他：_____

托育活動	叮嚀事項
☐故事欣賞 ☐音樂欣賞 ☐教具操作 ☐嬰幼兒按摩☐戶外散步 ☐音樂律動 ☐大肌肉活動☐小肌肉活動 ☐其他活動_____	今日帶回清洗：☐衣褲 ☐寢具 寶寶用品需再添加，請準備物品如下： ☐尿布 ☐濕紙巾☐衛生紙☐紗布巾 ☐備用衣_____件 /褲(長/短) _____件 ☐其他_____

親師交流園地

老師的話	親師交流
老師簽名：_____	家長簽名：_____

寶寶生活日記

____年____月____日 星期_____

飲食方面

早上餵奶時間： ____：____ 奶量_____c.c 中心餵奶時間： 時間____：____ 奶量____c.c 時間____：____ 奶量____c.c 時間____：____ 奶量____c.c 時間____：____ 奶量____c.c	餐點： □飯□粥□麵食 □肉類□魚/海鮮 □蔬菜□蛋/豆類 □精緻澱粉類 □副食品：_____	食量： 早上□量多□正常□量少 中午□量多□正常□量少 下午□量多□正常□量少 （評量標準：量多(>1份) 正常(≧0.8份) 量少(≦0.5份)

排便方面

□無　□有，排便時間：____：____、____：____、____：____、____：____

狀況：□正常 □偏硬 □偏軟□腹瀉 □其他_____

睡眠情形	情緒行為
睡眠時間：____：____ ～ ____：____ □安穩 □普通 □不安穩 □原因_____	□快樂 □不安 □哭鬧 □焦慮 □其他_____ □處理方式

健康紀錄

1.用藥時間： 吃藥時間：____：____老師簽名：_____ □藥粉□藥水____cc、____cc 吃藥時間：____：____老師簽名：_____ □藥粉□藥水____cc、____cc	2.身體狀況： □正常 / 體溫:上午_____下午_____ □不適症狀：□發燒____度 □嘔吐 □咳嗽□流鼻涕□鼻塞□紅疹□疲倦 □其他：_____

托育活動	叮嚀事項
□故事欣賞 □音樂欣賞 □教具操作 □嬰幼兒按摩 □戶外散步 □音樂律動 □大肌肉活動□小肌肉活動 □其他活動_____	今日帶回清洗：□衣褲 □寢具 寶寶用品需再添加，請準備物品如下： □尿布 □濕紙巾□衛生紙□紗布巾 □備用衣_____件 /褲(長/短)_____件 □其他_____

親師交流園地

老師的話	親師交流
       老師簽名：_____	 家長簽名：_____

寶寶生活日記

_____年_____月_____日 星期_____

飲食方面		

早上餵奶時間：

_____：_____奶量_____c.c

中心餵奶時間：

時間_____：_____奶量_____c.c

時間_____：_____奶量_____c.c

時間_____：_____奶量_____c.c

時間_____：_____奶量_____c.c

餐點：

□飯□粥□麵食

□肉類□魚/海鮮

□蔬菜□蛋/豆類

□精緻澱粉類

□副食品：_____

食量：

早上□量多□正常□量少

中午□量多□正常□量少

下午□量多□正常□量少

（評量標準：量多(>1 份)

正常(≧0.8 份)

量少(≦0.5 份)

排便方面

□無　□有，排便時間：_____：_____、_____：_____、_____：_____、_____：_____

狀況：□正常　□偏硬　□偏軟□腹瀉　□其他_____

睡眠情形	情緒行為

睡眠時間：_____：_____ ～ _____：_____

□安穩 □普通 □不安穩

□原因_____

□快樂 □不安 □哭鬧 □焦慮

□其他_____

□處理方式_____

健康紀錄

1. 用藥時間：

吃藥時間：_____：_____老師簽名：_____

□藥粉□藥水_____CC、_____CC

吃藥時間：_____：_____老師簽名：_____

□藥粉□藥水_____CC、_____CC

2. 身體狀況：

□正常 / 體溫:上午_____下午_____

□不適症狀：□發燒___度 □嘔吐

□咳嗽□流鼻涕□鼻塞□紅疹□疲倦

□其他：_____

托育活動	叮嚀事項

□故事欣賞 □音樂欣賞 □教具操作

□嬰幼兒按摩□戶外散步 □音樂律動

□大肌肉活動□小肌肉活動

□其他活動_____

今日帶回清洗：□衣褲 □寢具

寶寶用品需再添加，請準備物品如下：

□尿布□濕紙巾□衛生紙□紗布巾

□備用衣_____件 /褲(長/短) _____件

□其他_____

親師交流園地

老師的話

親師交流

老師簽名：_____

家長簽名：_____

寶寶生活日記

_____年_____月_____日 星期_____

飲食方面

早上餵奶時間：
_____：_____ 奶量_____c.c
中心餵奶時間：
時間_____：_____ 奶量_____c.c
時間_____：_____ 奶量_____c.c
時間_____：_____ 奶量_____c.c
時間_____：_____ 奶量_____c.c

餐點：
□飯□粥□麵食
□肉類□魚/海鮮
□蔬菜□蛋/豆類
□精緻澱粉類

□副食品：_____

食量：
早上□量多□正常□量少
中午□量多□正常□量少
下午□量多□正常□量少
（評量標準：量多(>1 份)
正常(≧0.8 份)
量少(≦0.5 份)

排便方面

□無 □有，排便時間：_____：_____、_____：_____、_____：_____、_____：_____
狀況：□正常 □偏硬 □偏軟□腹瀉 □其他_____

睡眠情形

睡眠時間：_____：_____ ～ _____：_____
□安穩 □普通 □不安穩
□原因_____

情緒行為

□快樂 □不安 □哭鬧 □焦慮
□其他_____
□處理方式_____

健康紀錄

1.用藥時間：
吃藥時間：_____：_____ 老師簽名：_____
□藥粉□藥水_____cc、_____cc
吃藥時間：_____：_____ 老師簽名：_____
□藥粉□藥水_____cc、_____cc

2.身體狀況：
□正常 / 體溫:上午_____下午_____
□不適症狀：□發燒_____度 □嘔吐
□咳嗽□流鼻涕□鼻塞□紅疹□疲倦
□其他：_____

托育活動

□故事欣賞 □音樂欣賞 □教具操作
□嬰幼兒按摩□戶外散步 □音樂律動
□大肌肉活動□小肌肉活動
□其他活動_____

叮嚀事項

今日帶回清洗：□衣褲 □寢具
寶寶用品需再添加，請準備物品如下：
□尿布□濕紙巾□衛生紙□紗布巾
□備用衣_____件 /褲(長/短)_____件
□其他_____

親師交流園地

老師的話

老師簽名：_____

親師交流

家長簽名：_____

寶寶生活日記

_____年_____月_____日 星期_____

飲食方面

早上餵奶時間：	餐點：	食量：
_____：_____奶量_____c.c	□飯□粥□麵食	早上□量多□正常□量少
中心餵奶時間：	□肉類□魚/海鮮	中午□量多□正常□量少
時間_____：_____奶量_____c.c	□蔬菜□蛋/豆類	下午□量多□正常□量少
時間_____：_____奶量_____c.c	□精緻澱粉類	（評量標準：量多(>1份)
時間_____：_____奶量_____c.c		正常(≧0.8份)
時間_____：_____奶量_____c.c	□副食品：_____	量少(≦0.5份)

排便方面

□無　□有，排便時間：_____：_____、_____：_____、_____：_____、_____：_____

狀況：□正常 □偏硬 □偏軟□腹瀉 □其他_____

睡眠情形	情緒行為
睡眠時間：_____：_____ ～ _____：_____	□快樂 □不安 □哭鬧 □焦慮
□安穩 □普通 □不安穩	□其他_____
□原因_____	□處理方式_____

健康紀錄

1.用藥時間：	2.身體狀況：
吃藥時間：_____：_____老師簽名：_____	□正常 ／ 體溫：上午_____下午_____
□藥粉□藥水_____cc、_____cc	□不適症狀：□發燒___度 □嘔吐
吃藥時間：_____：_____老師簽名：_____	□咳嗽□流鼻涕□鼻塞□紅疹□疲倦
□藥粉□藥水_____cc、_____cc	□其他：_____

托育活動	叮嚀事項
□故事欣賞　□音樂欣賞□教具操作	今日帶回清洗：□衣褲 □寢具
□嬰幼兒按摩□戶外散步□音樂律動	寶寶用品需再添加，請準備物品如下：
□大肌肉活動□小肌肉活動	□尿布□濕紙巾□衛生紙□紗布巾
□其他活動_____	□備用衣_____件 ／褲(長/短) _____件
	□其他_____

親師交流園地

老師的話	親師交流

老師簽名：_____　　　　　家長簽名：_____

寶寶生活日記

____年____月____日 星期_____

飲食方面

早上餵奶時間：
____：____ 奶量_____c.c
中心餵奶時間：
時間____：____ 奶量____c.c
時間____：____ 奶量____c.c
時間____：____ 奶量____c.c
時間____：____ 奶量____c.c

餐點：
□飯□粥□麵食
□肉類□魚/海鮮
□蔬菜□蛋/豆類
□精緻澱粉類

□副食品：_____

食量：
早上□量多□正常□量少
中午□量多□正常□量少
下午□量多□正常□量少
（評量標準：量多(>1份)
正常(≧0.8份)
量少(≦0.5份)

排便方面

□無　□有，排便時間：____：____、____：____、____：____、____：____
狀況：□正常 □偏硬 □偏軟□腹瀉 □其他_____

睡眠情形	情緒行為

睡眠時間：____：____ ～ ____：____
□安穩 □普通 □不安穩
□原因

□快樂 □不安 □哭鬧 □焦慮
□其他_____
□處理方式_____

健康紀錄

1.用藥時間：
吃藥時間：____：____ 老師簽名：_____
□藥粉□藥水____CC、____CC
吃藥時間：____：____ 老師簽名：_____
□藥粉□藥水____CC、____CC

2.身體狀況：
□正常 / 體溫：上午_____ 下午_____
□不適症狀：□發燒____度 □嘔吐
□咳嗽□流鼻涕□鼻塞□紅疹□疲倦
□其他：_____

托育活動	叮嚀事項

□故事欣賞 □音樂欣賞 □教具操作
□嬰幼兒按摩□戶外散步 □音樂律動
□大肌肉活動□小肌肉活動
□其他活動_____

今日帶回清洗：□衣褲 □寢具
寶寶用品需再添加，請準備物品如下：
□尿布□濕紙巾□衛生紙□紗布巾
□備用衣_____件 /褲(長/短) _____件
□其他_____

親師交流園地

老師的話

親師交流

老師簽名：_____

家長簽名：_____

寶寶生活日記

_____年_____月_____日 星期_____

飲食方面

| 早上餵奶時間：
_____：_____奶量_____c.c
中心餵奶時間：
時間_____：_____奶量_____c.c
時間_____：_____奶量_____c.c
時間_____：_____奶量_____c.c
時間_____：_____奶量_____c.c | 餐點：
□飯□粥□麵食
□肉類□魚/海鮮
□蔬菜□蛋/豆類
□精緻澱粉類

□副食品：_____ | 食量：
早上□量多□正常□量少
中午□量多□正常□量少
下午□量多□正常□量少
（評量標準:量多(>1 份)
正常(≧0.8 份)
量少(≦0.5 份) |

排便方面

□無　□有，排便時間：_____：_____、_____：_____、_____：_____、_____：_____

狀況：□正常　□偏硬　□偏軟□腹瀉　□其他_____

睡眠情形	情緒行為
睡眠時間：_____：_____ ～ _____：_____ □安穩　□普通　□不安穩 □原因_____	□快樂　□不安　□哭鬧　□焦慮 □其他_____ □處理方式_____

健康紀錄

| 1.用藥時間：
吃藥時間：_____：_____老師簽名：_____
□藥粉□藥水_____cc、_____cc
吃藥時間：_____：_____老師簽名：_____
□藥粉□藥水_____cc、_____cc | 2.身體狀況：
□正常 / 體溫:上午_____下午_____
□不適症狀：□發燒___度 □嘔吐
□咳嗽□流鼻涕□鼻塞□紅疹□疲倦
□其他：_____ |

托育活動	叮嚀事項
□故事欣賞　□音樂欣賞　□教具操作 □嬰幼兒按摩□戶外散步　□音樂律動 □大肌肉活動□小肌肉活動 □其他活動_____	今日帶回清洗：□衣褲　□寢具 寶寶用品需再添加，請準備物品如下： □尿布□濕紙巾□衛生紙□紗布巾 □備用衣_____件 /褲(長/短) _____件 □其他_____

親師交流園地

老師的話	親師交流
       老師簽名：_____	 家長簽名：_____

寶寶生活日記

_____年_____月_____日 星期_____

飲食方面

| 早上餵奶時間：
_____：_____奶量_____c.c
中心餵奶時間：
時間_____：_____奶量_____c.c
時間_____：_____奶量_____c.c
時間_____：_____奶量_____c.c
時間_____：_____奶量_____c.c | 餐點：
□飯□粥□麵食
□肉類□魚/海鮮
□蔬菜□蛋/豆類
□精緻澱粉類

□副食品：_____ | 食量：
早上□量多□正常□量少
中午□量多□正常□量少
下午□量多□正常□量少
（評量標準：量多(>1份)
正常(≧0.8份)
量少(≦0.5份) |

排便方面

□無　□有，排便時間：_____：_____、_____：_____、_____：_____、_____：_____
狀況：□正常 □偏硬 □偏軟□腹瀉 □其他_____

睡眠情形 / 情緒行為

睡眠情形	情緒行為
睡眠時間：_____：_____ ～ _____：_____ □安穩 □普通 □不安穩 □原因_____	□快樂 □不安 □哭鬧 □焦慮 □其他_____ □處理方式_____

健康紀錄

1.用藥時間： 吃藥時間：_____：_____老師簽名：_____ □藥粉□藥水_____cc、_____cc 吃藥時間：_____：_____老師簽名：_____ □藥粉□藥水_____cc、_____cc	2.身體狀況： □正常 / 體溫:上午_____下午_____ □不適症狀：□發燒___度 □嘔吐 □咳嗽□流鼻涕□鼻塞□紅疹□疲倦 □其他：_____

托育活動 / 叮嚀事項

托育活動	叮嚀事項
□故事欣賞 □音樂欣賞 □教具操作 □嬰幼兒按摩□戶外散步 □音樂律動 □大肌肉活動□小肌肉活動 □其他活動_____	今日帶回清洗：□衣褲 □寢具 寶寶用品需再添加，請準備物品如下： □尿布□濕紙巾□衛生紙□紗布巾 □備用衣_____件 /褲(長/短)_____件 □其他_____

親師交流園地

老師的話	親師交流
老師簽名：_____	家長簽名：_____

寶寶生活日記

_____年_____月_____日 星期_____

飲食方面

早上餵奶時間：
_____:_____奶量_____c.c

中心餵奶時間：
時間_____:_____奶量_____c.c
時間_____:_____奶量_____c.c
時間_____:_____奶量_____c.c
時間_____:_____奶量_____c.c

餐點：
☐飯☐粥☐麵食
☐肉類☐魚/海鮮
☐蔬菜☐蛋/豆類
☐精緻澱粉類

☐副食品：_____

食量：
早上☐量多☐正常☐量少
中午☐量多☐正常☐量少
下午☐量多☐正常☐量少
（評量標準:量多(>1 份)
正常(≧0.8 份)
量少(≦0.5 份)

排便方面

☐無　☐有，排便時間：_____:_____、_____:_____、_____:_____、_____:_____
狀況：☐正常 ☐偏硬 ☐偏軟☐腹瀉 ☐其他_____

睡眠情形 / 情緒行為

睡眠情形	情緒行為
睡眠時間：_____:_____ ～ _____:_____	☐快樂 ☐不安 ☐哭鬧 ☐焦慮
☐安穩 ☐普通 ☐不安穩	☐其他_____
☐原因_____	☐處理方式_____

健康紀錄

1.用藥時間：
吃藥時間：_____:_____老師簽名：_____
☐藥粉☐藥水_____cc、_____cc
吃藥時間：_____:_____老師簽名：_____
☐藥粉☐藥水_____cc、_____cc

2.身體狀況：
☐正常 / 體溫:上午_____下午_____
☐不適症狀：☐發燒___度 ☐嘔吐
☐咳嗽☐流鼻涕☐鼻塞☐紅疹☐疲倦
☐其他：_____

托育活動 / 叮嚀事項

托育活動
☐故事欣賞 ☐音樂欣賞 ☐教具操作
☐嬰幼兒按摩☐戶外散步 ☐音樂律動
☐大肌肉活動☐小肌肉活動
☐其他活動_____

叮嚀事項
今日帶回清洗：☐衣褲 ☐寢具
寶寶用品需再添加，請準備物品如下：
☐尿布☐濕紙巾☐衛生紙☐紗布巾
☐備用衣_____件 /褲(長/短)_____件
☐其他_____

親師交流園地

老師的話

親師交流

老師簽名：_____

家長簽名：_____

寶寶生活日記

_____年____月____日 星期_____

飲食方面

早上餵奶時間： ____：____奶量_____c.c 中心餵奶時間： 時間____：____奶量____c.c 時間____：____奶量____c.c 時間____：____奶量____c.c 時間____：____奶量____c.c	餐點： □飯□粥□麵食 □肉類□魚/海鮮 □蔬菜□蛋/豆類 □精緻澱粉類 □副食品：_____	食量： 早上□量多□正常□量少 中午□量多□正常□量少 下午□量多□正常□量少 （評量標準：量多(>1份) 正常(≧0.8份) 量少(≦0.5份)

排便方面

□無　　□有，排便時間：____：____、____：____、____：____、____：____
狀況：□正常　□偏硬　□偏軟□腹瀉　□其他_____

睡眠情形	情緒行為
睡眠時間：____：____ ～ ____：____ □安穩　□普通　□不安穩 □原因_____	□快樂　□不安　□哭鬧　□焦慮 □其他_____ □處理方式_____

健康紀錄

1.用藥時間：	2.身體狀況：
吃藥時間：____：____老師簽名：_____ □藥粉□藥水____cc、____cc 吃藥時間：____：____老師簽名：_____ □藥粉□藥水____cc、____cc	□正常　/　體溫:上午_____下午_____ □不適症狀：□發燒___度　□嘔吐 □咳嗽□流鼻涕□鼻塞□紅疹□疲倦 □其他：_____

托育活動	叮嚀事項
□故事欣賞　□音樂欣賞　□教具操作 □嬰幼兒按摩□戶外散步　□音樂律動 □大肌肉活動□小肌肉活動 □其他活動_____	今日帶回清洗：□衣褲　□寢具 寶寶用品需再添加，請準備物品如下： □尿布□濕紙巾□衛生紙□紗布巾 □備用衣_____件 /褲(長/短)_____件 □其他_____

親師交流園地

老師的話	親師交流

老師簽名：_____　　　　　家長簽名：_____

寶寶生活日記

____年____月____日 星期_____

飲食方面

早上餵奶時間：
____：____ 奶量_____c.c
中心餵奶時間：
時間____：____ 奶量_____c.c
時間____：____ 奶量_____c.c
時間____：____ 奶量_____c.c
時間____：____ 奶量_____c.c

餐點：
□飯□粥□麵食
□肉類□魚/海鮮
□蔬菜□蛋/豆類
□精緻澱粉類

□副食品：_____

食量：
早上□量多□正常□量少
中午□量多□正常□量少
下午□量多□正常□量少
(評量標準:量多(>1 份)
正常(≧0.8 份)
量少(≦0.5 份)

排便方面

□無　□有，排便時間：____：____、____：____、____：____、____：____
狀況：□正常　□偏硬　□偏軟□腹瀉　□其他_____

睡眠情形 / 情緒行為

睡眠時間：____：____ ～ ____：____
□安穩□普通□不安穩
□原因_____

□快樂　□不安　□哭鬧　□焦慮
□其他_____
□處理方式_____

健康紀錄

1.用藥時間：
吃藥時間：____：____老師簽名：_____
□藥粉□藥水____cc、____cc
吃藥時間：____：____老師簽名：_____
□藥粉□藥水____cc、____cc

2.身體狀況：
□正常 / 體溫:上午_____下午_____
□不適症狀：□發燒___度 □嘔吐
□咳嗽□流鼻涕□鼻塞□紅疹□疲倦
□其他：_____

托育活動 / 叮嚀事項

□故事欣賞　　□音樂欣賞　□教具操作
□嬰幼兒按摩□戶外散步　□音樂律動
□大肌肉活動□小肌肉活動
□其他活動_____

今日帶回清洗：□衣褲　□寢具
寶寶用品需再添加，請準備物品如下：
□尿布□濕紙巾□衛生紙□紗布巾
□備用衣_____件 /褲(長/短)_____件
□其他_____

親師交流園地

老師的話

親師交流

老師簽名：_____　　　　　家長簽名：_____

寶寶生活日記

_____年____月____日 星期_____

飲食方面

早上餵奶時間： _____：_____奶量_____c.c 中心餵奶時間： 時間____：____奶量____c.c 時間____：____奶量____c.c 時間____：____奶量____c.c 時間____：____奶量____c.c	餐點： □飯□粥□麵食 □肉類□魚/海鮮 □蔬菜□蛋/豆類 □精緻澱粉類 □副食品：_____	食量： 早上□量多□正常□量少 中午□量多□正常□量少 下午□量多□正常□量少 (評量標準:量多(>1份) 正常(≧0.8份) 量少(≦0.5份)

排便方面

□無　□有，排便時間：____：____、____：____、____：____、____：____
狀況：□正常　□偏硬　□偏軟□腹瀉　□其他_____

睡眠情形	情緒行為
睡眠時間：____：____ ～ ____：____ □安穩 □普通 □不安穩 □原因_____	□快樂 □不安 □哭鬧 □焦慮 □其他_____ □處理方式_____

健康紀錄

1.用藥時間： 吃藥時間：____：____老師簽名：_____ □藥粉□藥水____cc、____cc 吃藥時間：____：____老師簽名：_____ □藥粉□藥水____cc、____cc	2.身體狀況： □正常 / 體溫:上午_____下午_____ □不適症狀：□發燒___度 □嘔吐 □咳嗽□流鼻涕□鼻塞□紅疹□疲倦 □其他：_____

托育活動	叮嚀事項
□故事欣賞　□音樂欣賞 □教具操作 □嬰幼兒按摩□戶外散步 □音樂律動 □大肌肉活動□小肌肉活動 □其他活動_____	今日帶回清洗：□衣褲 □寢具 寶寶用品需再添加，請準備物品如下： □尿布□濕紙巾□衛生紙□紗布巾 □備用衣_____件 /褲(長/短)_____件 □其他_____

親師交流園地

老師的話	親師交流
老師簽名：_____	家長簽名：_____

寶寶生活日記

____年____月____日 星期_____

飲食方面

早上餵奶時間： ____：____奶量_____c.c 中心餵奶時間： 時間____：____奶量____c.c 時間____：____奶量____c.c 時間____：____奶量____c.c 時間____：____奶量____c.c	餐點： □飯□粥□麵食 □肉類□魚/海鮮 □蔬菜□蛋/豆類 □精緻澱粉類 □副食品：_____	食量： 早上□量多□正常□量少 中午□量多□正常□量少 下午□量多□正常□量少 （評量標準：量多(>1份) 正常(≧0.8份) 量少(≦0.5份)

排便方面

□無　□有，排便時間：____：____、____：____、____：____、____：____

狀況：□正常 □偏硬 □偏軟□腹瀉 □其他_____

睡眠情形	情緒行為
睡眠時間：____：____ ～ ____：____ □安穩 □普通 □不安穩 □原因_____	□快樂 □不安 □哭鬧 □焦慮 □其他_____ □處理方式_____

健康紀錄

1.用藥時間： 吃藥時間：____：____老師簽名：_____ □藥粉□藥水____cc、____cc 吃藥時間：____：____老師簽名：_____ □藥粉□藥水____cc、____cc	2.身體狀況： □正常 / 體溫：上午_____下午_____ □不適症狀：□發燒___度 □嘔吐 □咳嗽□流鼻涕□鼻塞□紅疹□疲倦 □其他：_____

托育活動	叮嚀事項
□故事欣賞 □音樂欣賞 □教具操作 □嬰幼兒按摩□戶外散步 □音樂律動 □大肌肉活動□小肌肉活動 □其他活動_____	今日帶回清洗：□衣褲 □寢具 寶寶用品需再添加，請準備物品如下： □尿布□濕紙巾□衛生紙□紗布巾 □備用衣_____件 /褲(長/短) _____件 □其他_____

親師交流園地

老師的話	親師交流
老師簽名：_____	家長簽名：_____

寶寶生活日記

＿＿＿年＿＿＿月＿＿＿日 星期＿＿＿＿＿

飲食方面		
早上餵奶時間： ＿＿＿＿：＿＿＿＿奶量＿＿＿＿c.c 中心餵奶時間： 時間＿＿＿：＿＿奶量＿＿＿c.c 時間＿＿＿：＿＿奶量＿＿＿c.c 時間＿＿＿：＿＿奶量＿＿＿c.c 時間＿＿＿：＿＿奶量＿＿＿c.c	餐點： □飯□粥□麵食 □肉類□魚/海鮮 □蔬菜□蛋/豆類 □精緻澱粉類 □副食品：＿＿＿＿＿＿	食量： 早上□量多□正常□量少 中午□量多□正常□量少 下午□量多□正常□量少 (評量標準:量多(>1份) 正常(≧0.8份) 量少(≦0.5份)

排便方面

□無　□有，排便時間：＿＿＿：＿＿＿、＿＿＿：＿＿＿、＿＿＿：＿＿＿、＿＿＿：＿＿＿

狀況：□正常 □偏硬 □偏軟□腹瀉 □其他＿＿＿＿＿＿＿＿

睡眠情形	情緒行為
睡眠時間：＿＿＿：＿＿＿ ～ ＿＿＿：＿＿＿ □安穩 □普通 □不安穩 □原因＿＿＿＿＿＿＿	□快樂 □不安 □哭鬧 □焦慮 □其他＿＿＿＿＿＿＿＿ □處理方式＿＿＿＿＿＿

健康紀錄

1.用藥時間： 吃藥時間：＿＿＿：＿＿老師簽名：＿＿＿＿ □藥粉□藥水＿＿＿cc、＿＿＿cc 吃藥時間：＿＿＿：＿＿老師簽名：＿＿＿＿ □藥粉□藥水＿＿＿cc、＿＿＿cc	2.身體狀況： □正常 / 體溫:上午＿＿＿＿下午＿＿＿ □不適症狀：□發燒＿＿＿度 □嘔吐 □咳嗽□流鼻涕□鼻塞□紅疹□疲倦 □其他：＿＿＿＿＿＿

托育活動	叮嚀事項
□故事欣賞 □音樂欣賞 □教具操作 □嬰幼兒按摩□戶外散步 □音樂律動 □大肌肉活動□小肌肉活動 □其他活動＿＿＿＿＿＿	今日帶回清洗：□衣褲 □寢具 寶寶用品需再添加，請準備物品如下： □尿布□濕紙巾□衛生紙□紗布巾 □備用衣＿＿＿件 /褲(長/短)＿＿＿件 □其他＿＿＿＿＿＿

親師交流園地

老師的話	親師交流
        老師簽名：＿＿＿＿＿＿	 家長簽名：＿＿＿＿＿＿

寶寶生活日記

___年___月___日 星期_____

飲食方面

早上餵奶時間：
___：___ 奶量_____c.c

中心餵奶時間：

時間___：___ 奶量___c.c

時間___：___ 奶量___c.c

時間___：___ 奶量___c.c

時間___：___ 奶量___c.c

餐點：
- □飯□粥□麵食
- □肉類□魚/海鮮
- □蔬菜□蛋/豆類
- □精緻澱粉類

□副食品：_____

食量：

早上□量多□正常□量少

中午□量多□正常□量少

下午□量多□正常□量少

（評量標準：量多(>1份)

正常(≧0.8份)

量少(≦0.5份)

排便方面

□無　□有，排便時間：___：___、___：___、___：___、___：___

狀況：□正常 □偏硬 □偏軟□腹瀉 □其他_____

睡眠情形	情緒行為

睡眠時間：___：___ ～ ___：___

□安穩□普通□不安穩

□原因_____

□快樂 □不安 □哭鬧 □焦慮

□其他_____

□處理方式_____

健康紀錄

1.用藥時間：

吃藥時間：___：___ 老師簽名：_____

□藥粉□藥水___CC、___CC

吃藥時間：___：___ 老師簽名：_____

□藥粉□藥水___CC、___CC

2.身體狀況：

□正常 / 體溫:上午_____ 下午_____

□不適症狀：□發燒___度 □嘔吐

□咳嗽□流鼻涕□鼻塞□紅疹□疲倦

□其他：_____

托育活動	叮嚀事項

□故事欣賞 □音樂欣賞 □教具操作

□嬰幼兒按摩□戶外散步 □音樂律動

□大肌肉活動□小肌肉活動

□其他活動_____

今日帶回清洗：□衣褲 □寢具

寶寶用品需再添加，請準備物品如下：

□尿布 □濕紙巾□衛生紙□紗布巾

□備用衣_____件 /褲(長/短) _____件

□其他_____

親師交流園地

老師的話

親師交流

老師簽名：_____

家長簽名：_____

寶寶生活日記

_____年_____月_____日 星期_____

飲食方面		
早上餵奶時間： _____：_____ 奶量_____c.c 中心餵奶時間： 時間_____：_____ 奶量_____c.c 時間_____：_____ 奶量_____c.c 時間_____：_____ 奶量_____c.c 時間_____：_____ 奶量_____c.c	餐點： □飯□粥□麵食 □肉類□魚/海鮮 □蔬菜□蛋/豆類 □精緻澱粉類 □副食品：_____	食量： 早上□量多□正常□量少 中午□量多□正常□量少 下午□量多□正常□量少 （評量標準：量多(>1 份) 正常(≧0.8 份) 量少(≦0.5 份)

排便方面
□無　□有，排便時間：_____：_____、_____：_____、_____：_____、_____：_____   狀況：□正常 □偏硬 □偏軟□腹瀉 □其他_____

睡眠情形	情緒行為
睡眠時間：_____：_____ ～ _____：_____ □安穩 □普通 □不安穩 □原因_____	□快樂 □不安 □哭鬧 □焦慮 □其他_____ □處理方式_____

健康紀錄	
1.用藥時間： 吃藥時間：_____：_____老師簽名：_____ □藥粉□藥水_____cc、_____cc 吃藥時間：_____：_____老師簽名：_____ □藥粉□藥水_____cc、_____cc	2.身體狀況： □正常 / 體溫:上午_____下午_____ □不適症狀：□發燒_____度 □嘔吐 □咳嗽□流鼻涕□鼻塞□紅疹□疲倦 □其他：_____

托育活動	叮嚀事項
□故事欣賞　□音樂欣賞□教具操作 □嬰幼兒按摩□戶外散步　□音樂律動 □大肌肉活動□小肌肉活動 □其他活動_____	今日帶回清洗：□衣褲 □寢具 寶寶用品需再添加，請準備物品如下： □尿布□濕紙巾□衛生紙□紗布巾 □備用衣_____件 /褲(長/短) _____件 □其他_____

親師交流園地	
老師的話 老師簽名：_____	親師交流 家長簽名：_____

寶寶生活日記

_____年____月____日 星期_____

飲食方面		

早上餵奶時間：
_____：_____奶量_____c.c

中心餵奶時間：

時間_____：_____奶量_____c.c

時間_____：_____奶量_____c.c

時間_____：_____奶量_____c.c

時間_____：_____奶量_____c.c

餐點：
☐飯☐粥☐麵食
☐肉類☐魚/海鮮
☐蔬菜☐蛋/豆類
☐精緻澱粉類

☐副食品：_____

食量：
早上☐量多☐正常☐量少
中午☐量多☐正常☐量少
下午☐量多☐正常☐量少
（評量標準：量多（>1份）
正常（≧0.8份）
量少（≦0.5份）

排便方面

☐無　☐有，排便時間：_____：_____、_____：_____、_____：_____、_____：_____

狀況：☐正常 ☐偏硬 ☐偏軟☐腹瀉 ☐其他_____

睡眠情形	情緒行為

睡眠時間：_____：_____ ～ _____：_____

☐安穩 ☐普通 ☐不安穩

☐原因_____

☐快樂 ☐不安 ☐哭鬧 ☐焦慮

☐其他_____

☐處理方式_____

健康紀錄

1.用藥時間：

吃藥時間：_____：_____老師簽名：_____

☐藥粉☐藥水_____cc、_____cc

吃藥時間：_____：_____老師簽名：_____

☐藥粉☐藥水_____cc、_____cc

2.身體狀況：

☐正常 / 體溫：上午_____下午_____

☐不適症狀：☐發燒___度 ☐嘔吐

☐咳嗽☐流鼻涕☐鼻塞☐紅疹☐疲倦

☐其他：_____

托育活動	叮嚀事項

☐故事欣賞 ☐音樂欣賞 ☐教具操作

☐嬰幼兒按摩☐戶外散步 ☐音樂律動

☐大肌肉活動☐小肌肉活動

☐其他活動_____

今日帶回清洗：☐衣褲 ☐寢具

寶寶用品需再添加，請準備物品如下：

☐尿布☐濕紙巾☐衛生紙☐紗布巾

☐備用衣_____件 /褲(長/短) _____件

☐其他_____

親師交流園地

老師的話

老師簽名：_____

親師交流

家長簽名：_____

寶寶生活日記

____年____月____日 星期_____

飲食方面

早上餵奶時間：
____：____ 奶量_____c.c

中心餵奶時間：

時間____：____ 奶量____c.c

時間____：____ 奶量____c.c

時間____：____ 奶量____c.c

時間____：____ 奶量____c.c

餐點：

□飯□粥□麵食

□肉類□魚/海鮮

□蔬菜□蛋/豆類

□精緻澱粉類

□副食品：_____

食量：

早上□量多□正常□量少

中午□量多□正常□量少

下午□量多□正常□量少

（評量標準：量多(>1份)

正常(≧0.8份)

量少(≦0.5份)

排便方面

□無　□有，排便時間：____：____、____：____、____：____、____：____

狀況：□正常 □偏硬 □偏軟□腹瀉 □其他_____

睡眠情形

睡眠時間：____：____ ～ ____：____

□安穩 □普通 □不安穩

□原因_____

情緒行為

□快樂 □不安 □哭鬧 □焦慮

□其他_____

□處理方式_____

健康紀錄

1.用藥時間：

吃藥時間：____：____ 老師簽名：_____

□藥粉□藥水____cc、____cc

吃藥時間：____：____ 老師簽名：_____

□藥粉□藥水____cc、____cc

2.身體狀況：

□正常 / 體溫：上午_____ 下午_____

□不適症狀：□發燒____度 □嘔吐

□咳嗽□流鼻涕□鼻塞□紅疹□疲倦

□其他：_____

托育活動

□故事欣賞　□音樂欣賞 □教具操作

□嬰幼兒按摩□戶外散步 □音樂律動

□大肌肉活動□小肌肉活動

□其他活動_____

叮嚀事項

今日帶回清洗：□衣褲 □寢具

寶寶用品需再添加，請準備物品如下：

□尿布□濕紙巾□衛生紙□紗布巾

□備用衣_____件 /褲(長/短)_____件

□其他_____

親師交流園地

老師的話

親師交流

老師簽名：_____

家長簽名：_____

寶寶生活日記

____年____月____日 星期_____

飲食方面		

飲食方面

早上餵奶時間：
____：____ 奶量_____c.c

中心餵奶時間：

時間____：____ 奶量____c.c

時間____：____ 奶量____c.c

時間____：____ 奶量____c.c

時間____：____ 奶量____c.c

餐點：
□飯□粥□麵食
□肉類□魚/海鮮
□蔬菜□蛋/豆類
□精緻澱粉類

□副食品：_____

食量：
早上□量多□正常□量少
中午□量多□正常□量少
下午□量多□正常□量少
（評量標準：量多(>1份)
正常(≧0.8份)
量少(≦0.5份)

排便方面

□無　□有，排便時間：____：____、____：____、____：____、____：____

狀況：□正常□偏硬□偏軟□腹瀉□其他_____

睡眠情形

睡眠時間：____：____ ～ ____：____

□安穩□普通□不安穩

□原因_____

情緒行為

□快樂□不安□哭鬧□焦慮

□其他_____

□處理方式_____

健康紀錄

1.用藥時間：

吃藥時間：____：____ 老師簽名：_____

□藥粉□藥水____cc、____cc

吃藥時間：____：____ 老師簽名：_____

□藥粉□藥水____cc、____cc

2.身體狀況：

□正常／體溫：上午_____下午_____

□不適症狀：□發燒____度□嘔吐

□咳嗽□流鼻涕□鼻塞□紅疹□疲倦

□其他：_____

托育活動

□故事欣賞　□音樂欣賞□教具操作

□嬰幼兒按摩□戶外散步□音樂律動

□大肌肉活動□小肌肉活動

□其他活動_____

叮嚀事項

今日帶回清洗：□衣褲　□寢具

寶寶用品需再添加，請準備物品如下：

□尿布□濕紙巾□衛生紙□紗布巾

□備用衣_____件／褲(長/短)_____件

□其他_____

親師交流園地

老師的話

親師交流

老師簽名：_____

家長簽名：_____

寶寶生活日記

_____年_____月_____日 星期_____

飲食方面

| 早上餵奶時間：
_____：_____ 奶量_____c.c
中心餵奶時間：
時間_____：_____ 奶量_____c.c
時間_____：_____ 奶量_____c.c
時間_____：_____ 奶量_____c.c
時間_____：_____ 奶量_____c.c | 餐點：
□飯□粥□麵食
□肉類□魚/海鮮
□蔬菜□蛋/豆類
□精緻澱粉類

□副食品：_____ | 食量：
早上□量多□正常□量少
中午□量多□正常□量少
下午□量多□正常□量少
（評量標準：量多(>1份)
正常(≧0.8份)
量少(≦0.5份) |

排便方面

□無　□有，排便時間：_____：_____、_____：_____、_____：_____、_____：_____
狀況：□正常 □偏硬 □偏軟□腹瀉 □其他_____

睡眠情形	情緒行為
睡眠時間：_____：_____ ～ _____：_____ □安穩 □普通 □不安穩 □原因_____	□快樂 □不安 □哭鬧 □焦慮 □其他_____ □處理方式_____

健康紀錄

| 1.用藥時間：
吃藥時間：_____：_____ 老師簽名：_____
□藥粉□藥水_____cc、_____cc
吃藥時間：_____：_____ 老師簽名：_____
□藥粉□藥水_____cc、_____cc | 2.身體狀況：
□正常 / 體溫：上午_____ 下午_____
□不適症狀：□發燒___度 □嘔吐
□咳嗽□流鼻涕□鼻塞□紅疹□疲倦
□其他：_____ |

托育活動	叮嚀事項
□故事欣賞 □音樂欣賞 □教具操作 □嬰幼兒按摩□戶外散步 □音樂律動 □大肌肉活動□小肌肉活動 □其他活動_____	今日帶回清洗：□衣褲 □寢具 寶寶用品需再添加，請準備物品如下： □尿布□濕紙巾□衛生紙□紗布巾 □備用衣_____件 /褲(長/短) _____件 □其他_____

親師交流園地

老師的話	親師交流
        老師簽名：_____	 家長簽名：_____

寶寶生活日記

____年____月____日 星期_____

飲食方面

早上餵奶時間：
____：____奶量_____c.c
中心餵奶時間：
時間____：____奶量____c.c
時間____：____奶量____c.c
時間____：____奶量____c.c
時間____：____奶量____c.c

餐點：
□飯□粥□麵食
□肉類□魚/海鮮
□蔬菜□蛋/豆類
□精緻澱粉類

□副食品：_____

食量：
早上□量多□正常□量少
中午□量多□正常□量少
下午□量多□正常□量少
(評量標準:量多(>1 份)
正常(≧0.8 份)
量少(≦0.5 份)

排便方面

□無　□有，排便時間：____：____、____：____、____：____、____：____
狀況：□正常　□偏硬　□偏軟□腹瀉　□其他_____

睡眠情形

睡眠時間：____：____ ～ ____：____
□安穩 □普通 □不安穩
□原因_____

情緒行為

□快樂 □不安 □哭鬧 □焦慮
□其他_____
□處理方式_____

健康紀錄

1.用藥時間：
吃藥時間：____：____老師簽名：_____
□藥粉□藥水____cc、____cc
吃藥時間：____：____老師簽名：_____
□藥粉□藥水____cc、____cc

2.身體狀況：
□正常 / 體溫:上午_____下午_____
□不適症狀：□發燒___度 □嘔吐
□咳嗽□流鼻涕□鼻塞□紅疹□疲倦
□其他：_____

托育活動

□故事欣賞　□音樂欣賞　□教具操作
□嬰幼兒按摩□戶外散步　□音樂律動
□大肌肉活動□小肌肉活動
□其他活動_____

叮嚀事項

今日帶回清洗：□衣褲 □寢具
寶寶用品需再添加，請準備物品如下：
□尿布□濕紙巾□衛生紙□紗布巾
□備用衣_____件 /褲(長/短) _____件
□其他_____

親師交流園地

老師的話

親師交流

老師簽名：_____

家長簽名：_____

寶寶生活日記

_____年____月____日 星期_____

飲食方面

早上餵奶時間: _____:_____ 奶量_____c.c 中心餵奶時間: 時間____:____ 奶量____c.c 時間____:____ 奶量____c.c 時間____:____ 奶量____c.c 時間____:____ 奶量____c.c	餐點: □飯□粥□麵食 □肉類□魚/海鮮 □蔬菜□蛋/豆類 □精緻澱粉類 □副食品:_____	食量: 早上□量多□正常□量少 中午□量多□正常□量少 下午□量多□正常□量少 (評量標準:量多(>1份) 正常(≧0.8份) 量少(≦0.5份)

排便方面

□無　□有,排便時間:____:____、____:____、____:____、____:____
狀況:□正常 □偏硬 □偏軟□腹瀉 □其他_____

睡眠情形	情緒行為
睡眠時間:____:____ ～ ____:____ □安穩 □普通 □不安穩 □原因_____	□快樂 □不安 □哭鬧 □焦慮 □其他_____ □處理方式_____

健康紀錄

1.用藥時間: 吃藥時間:____:____ 老師簽名:_____ □藥粉□藥水____cc、____cc 吃藥時間:____:____ 老師簽名:_____ □藥粉□藥水____cc、____cc	2.身體狀況: □正常 / 體溫:上午_____ 下午_____ □不適症狀:□發燒___度 □嘔吐 □咳嗽□流鼻涕□鼻塞□紅疹□疲倦 □其他:_____

托育活動	叮嚀事項
□故事欣賞 □音樂欣賞 □教具操作 □嬰幼兒按摩□戶外散步 □音樂律動 □大肌肉活動□小肌肉活動 □其他活動_____	今日帶回清洗:□衣褲 □寢具 寶寶用品需再添加,請準備物品如下: □尿布□濕紙巾□衛生紙□紗布巾 □備用衣_____件 /褲(長/短)_____件 □其他_____

親師交流園地

老師的話	親師交流
         老師簽名:_____	 家長簽名:_____

寶寶生活日記

_____年_____月_____日 星期_____

飲食方面

早上餵奶時間： _____：_____奶量_____c.c 中心餵奶時間： 時間_____：_____奶量_____c.c 時間_____：_____奶量_____c.c 時間_____：_____奶量_____c.c 時間_____：_____奶量_____c.c	餐點： □飯□粥□麵食 □肉類□魚/海鮮 □蔬菜□蛋/豆類 □精緻澱粉類 □副食品：_____	食量： 早上□量多□正常□量少 中午□量多□正常□量少 下午□量多□正常□量少 (評量標準:量多(>1份) 正常(≧0.8份) 量少(≦0.5份)

排便方面

□無　□有，排便時間：_____：_____、_____：_____、_____：_____、_____：_____
狀況：□正常　□偏硬　□偏軟□腹瀉　□其他_____

睡眠情形	情緒行為
睡眠時間：_____：_____ ～ _____：_____ □安穩　□普通　□不安穩 □原因_____	□快樂 □不安 □哭鬧 □焦慮 □其他_____ □處理方式_____

健康紀錄

1.用藥時間： 吃藥時間：_____：_____老師簽名：_____ □藥粉□藥水____cc、____cc 吃藥時間：_____：_____老師簽名：_____ □藥粉□藥水____cc、____cc	2.身體狀況： □正常 / 體溫:上午_____下午_____ □不適症狀：□發燒___度 □嘔吐 □咳嗽□流鼻涕□鼻塞□紅疹□疲倦 □其他：_____

托育活動	叮嚀事項
□故事欣賞　□音樂欣賞 □教具操作 □嬰幼兒按摩□戶外散步 □音樂律動 □大肌肉活動□小肌肉活動 □其他活動_____	今日帶回清洗：□衣褲　□寢具 寶寶用品需再添加，請準備物品如下： □尿布□濕紙巾□衛生紙□紗布巾 □備用衣_____件 /褲(長/短) _____件 □其他_____

親師交流園地

老師的話	親師交流
        老師簽名：_____	 家長簽名：_____

寶寶生活日記

_____年_____月_____日 星期_____

飲食方面

| 早上餵奶時間：
_____：_____奶量_____c.c
中心餵奶時間：
時間_____：_____奶量_____c.c
時間_____：_____奶量_____c.c
時間_____：_____奶量_____c.c
時間_____：_____奶量_____c.c | 餐點：
□飯□粥□麵食
□肉類□魚/海鮮
□蔬菜□蛋/豆類
□精緻澱粉類

□副食品：_____ | 食量：
早上□量多□正常□量少
中午□量多□正常□量少
下午□量多□正常□量少
（評量標準：量多(>1份)
正常(≧0.8份)
量少(≦0.5份) |

排便方面

□無　□有，排便時間：_____：_____、_____：_____、_____：_____、_____：_____
狀況：□正常　□偏硬　□偏軟□腹瀉　□其他_____

睡眠情形	情緒行為
睡眠時間：_____：_____　～　_____：_____ □安穩　□普通　□不安穩 □原因_____	□快樂　□不安　□哭鬧　□焦慮 □其他_____ □處理方式_____

健康紀錄

| 1.用藥時間：
吃藥時間：_____：_____老師簽名：_____
□藥粉□藥水_____CC、_____CC
吃藥時間：_____：_____老師簽名：_____
□藥粉□藥水_____CC、_____CC | 2.身體狀況：
□正常／體溫：上午_____下午_____
□不適症狀：□發燒_____度　□嘔吐
□咳嗽□流鼻涕□鼻塞□紅疹□疲倦
□其他：_____ |

托育活動	叮嚀事項
□故事欣賞　□音樂欣賞□教具操作 □嬰幼兒按摩□戶外散步□音樂律動 □大肌肉活動□小肌肉活動 □其他活動_____	今日帶回清洗：□衣褲　□寢具 寶寶用品需再添加，請準備物品如下： □尿布□濕紙巾□衛生紙□紗布巾 □備用衣_____件／褲(長/短)_____件 □其他_____

親師交流園地

老師的話	親師交流
老師簽名：_____	家長簽名：_____

寶寶生活日記

____年____月____日 星期_____

飲食方面

早上餵奶時間：
____：____ 奶量_____c.c

中心餵奶時間：
時間____：____ 奶量_____c.c
時間____：____ 奶量_____c.c
時間____：____ 奶量_____c.c
時間____：____ 奶量_____c.c

餐點：
□飯□粥□麵食
□肉類□魚/海鮮
□蔬菜□蛋/豆類
□精緻澱粉類

□副食品：_____

食量：
早上□量多□正常□量少
中午□量多□正常□量少
下午□量多□正常□量少
（評量標準：量多(>1 份)
正常(≧0.8 份)
量少(≦0.5 份)

排便方面

□無　□有，排便時間：____：____、____：____、____：____、____：____
狀況：□正常　□偏硬　□偏軟□腹瀉　□其他_____

睡眠情形	情緒行為

睡眠情形
睡眠時間：____：____ ～ ____：____
□安穩 □普通 □不安穩
□原因_____

情緒行為
□快樂 □不安 □哭鬧 □焦慮
□其他_____
□處理方式_____

健康紀錄

1.用藥時間：
吃藥時間：____：____老師簽名：_____
□藥粉□藥水____CC、____CC
吃藥時間：____：____老師簽名：_____
□藥粉□藥水____CC、____CC

2.身體狀況：
□正常 / 體溫:上午_____下午_____
□不適症狀：□發燒____度 □嘔吐
□咳嗽□流鼻涕□鼻塞□紅疹□疲倦
□其他：_____

托育活動	叮嚀事項

托育活動
□故事欣賞　□音樂欣賞　□教具操作
□嬰幼兒按摩□戶外散步　□音樂律動
□大肌肉活動□小肌肉活動
□其他活動_____

叮嚀事項
今日帶回清洗：□衣褲　□寢具
寶寶用品需再添加，請準備物品如下：
□尿布□濕紙巾□衛生紙□紗布巾
□備用衣_____件 /褲(長/短)_____件
□其他_____

親師交流園地

老師的話

老師簽名：_____

親師交流

家長簽名：_____

寶寶生活日記

_____年_____月_____日 星期_____

飲食方面

早上餵奶時間： _____：_____ 奶量_____c.c 中心餵奶時間： 時間_____：_____ 奶量_____c.c 時間_____：_____ 奶量_____c.c 時間_____：_____ 奶量_____c.c 時間_____：_____ 奶量_____c.c	餐點： □飯□粥□麵食 □肉類□魚/海鮮 □蔬菜□蛋/豆類 □精緻澱粉類 □副食品：_____	食量： 早上□量多□正常□量少 中午□量多□正常□量少 下午□量多□正常□量少 （評量標準：量多(>1份) 正常(≧0.8份) 量少(≦0.5份)

排便方面

□無　□有，排便時間：_____：_____ 、_____：_____ 、_____：_____ 、_____：_____

狀況：□正常 □偏硬 □偏軟□腹瀉 □其他_____

睡眠情形	情緒行為
睡眠時間：_____：_____ ～ _____：_____ □安穩 □普通 □不安穩 □原因_____	□快樂 □不安 □哭鬧 □焦慮 □其他_____ □處理方式_____

健康紀錄

1.用藥時間： 吃藥時間：_____：_____老師簽名：_____ □藥粉□藥水_____cc、_____cc 吃藥時間：_____：_____老師簽名：_____ □藥粉□藥水_____cc、_____cc	2.身體狀況： □正常 / 體溫:上午_____ 下午_____ □不適症狀：□發燒_____度 □嘔吐 □咳嗽□流鼻涕□鼻塞□紅疹□疲倦 □其他：_____

托育活動	叮嚀事項
□故事欣賞　□音樂欣賞□教具操作 □嬰幼兒按摩□戶外散步□音樂律動 □大肌肉活動□小肌肉活動 □其他活動_____	今日帶回清洗：□衣褲 □寢具 寶寶用品需再添加，請準備物品如下： □尿布□濕紙巾□衛生紙□紗布巾 □備用衣_____件 /褲(長/短) _____件 □其他_____

親師交流園地

老師的話	親師交流
        老師簽名：_____	 家長簽名：_____

寶寶生活日記

_____年_____月_____日 星期_____

飲食方面

早上餵奶時間：
_____：_____奶量_____c.c

中心餵奶時間：

時間_____：_____奶量_____c.c

時間_____：_____奶量_____c.c

時間_____：_____奶量_____c.c

時間_____：_____奶量_____c.c

餐點：
- ☐飯☐粥☐麵食
- ☐肉類☐魚/海鮮
- ☐蔬菜☐蛋/豆類
- ☐精緻澱粉類

- ☐副食品：_____

食量：

早上☐量多☐正常☐量少

中午☐量多☐正常☐量少

下午☐量多☐正常☐量少

（評量標準：量多(>1份)

正常(≧0.8份)

量少(≦0.5份)

排便方面

☐無　☐有，排便時間：_____：_____、_____：_____、_____：_____、_____：_____

狀況：☐正常 ☐偏硬 ☐偏軟☐腹瀉 ☐其他_____

睡眠情形

睡眠時間：_____：_____ ～ _____：_____

☐安穩 ☐普通 ☐不安穩

☐原因_____

情緒行為

☐快樂 ☐不安 ☐哭鬧 ☐焦慮

☐其他_____

☐處理方式_____

健康紀錄

1.用藥時間：

吃藥時間：_____：_____老師簽名：_____

☐藥粉☐藥水_____cc、_____cc

吃藥時間：_____：_____老師簽名：_____

☐藥粉☐藥水_____cc、_____cc

2.身體狀況：

☐正常 / 體溫：上午_____下午_____

☐不適症狀：☐發燒_____度 ☐嘔吐

☐咳嗽☐流鼻涕☐鼻塞☐紅疹☐疲倦

☐其他：_____

托育活動

☐故事欣賞　☐音樂欣賞　☐教具操作

☐嬰幼兒按摩☐戶外散步　☐音樂律動

☐大肌肉活動☐小肌肉活動

☐其他活動_____

叮嚀事項

今日帶回清洗：☐衣褲 ☐寢具

寶寶用品需再添加，請準備物品如下：

☐尿布☐濕紙巾☐衛生紙☐紗布巾

☐備用衣_____件 /褲(長/短)_____件

☐其他_____

親師交流園地

老師的話

親師交流

老師簽名：_____

家長簽名：_____

寶寶生活日記

_____年_____月_____日 星期_____

飲食方面

| 早上餵奶時間：
_____:_____奶量_____c.c
中心餵奶時間：
時間_____:_____奶量_____c.c
時間_____:_____奶量_____c.c
時間_____:_____奶量_____c.c
時間_____:_____奶量_____c.c | 餐點：
□飯□粥□麵食
□肉類□魚/海鮮
□蔬菜□蛋/豆類
□精緻澱粉類

□副食品：_____ | 食量：
早上□量多□正常□量少
中午□量多□正常□量少
下午□量多□正常□量少
（評量標準：量多(>1份)
正常(≧0.8份)
量少(≦0.5份) |

排便方面

□無　□有，排便時間：_____:_____、_____:_____、_____:_____、_____:_____
狀況：□正常 □偏硬 □偏軟□腹瀉 □其他_____

睡眠情形	情緒行為
睡眠時間：_____:_____ ～ _____:_____ □安穩 □普通 □不安穩 □原因_____	□快樂 □不安 □哭鬧 □焦慮 □其他_____ □處理方式_____

健康紀錄

| 1.用藥時間：
吃藥時間：_____:_____老師簽名：_____
□藥粉□藥水_____cc、_____cc
吃藥時間：_____:_____老師簽名：_____
□藥粉□藥水_____cc、_____cc | 2.身體狀況：
□正常 / 體溫：上午_____下午_____
□不適症狀：□發燒____度 □嘔吐
□咳嗽□流鼻涕□鼻塞□紅疹□疲倦
□其他：_____ |

托育活動	叮嚀事項
□故事欣賞　□音樂欣賞 □教具操作 □嬰幼兒按摩□戶外散步 □音樂律動 □大肌肉活動□小肌肉活動 □其他活動_____	今日帶回清洗：□衣褲 □寢具 寶寶用品需再添加，請準備物品如下： □尿布□濕紙巾□衛生紙□紗布巾 □備用衣_____件 /褲(長/短) _____件 □其他_____

親師交流園地

老師的話	親師交流
老師簽名：_____	家長簽名：_____

寶寶生活日記

_____年_____月_____日 星期_____

飲食方面

早上餵奶時間：

_____：_____奶量_____c.c

中心餵奶時間：

時間_____：_____奶量_____c.c

時間_____：_____奶量_____c.c

時間_____：_____奶量_____c.c

時間_____：_____奶量_____c.c

餐點：

□飯□粥□麵食

□肉類□魚/海鮮

□蔬菜□蛋/豆類

□精緻澱粉類

□副食品：_____

食量：

早上□量多□正常□量少

中午□量多□正常□量少

下午□量多□正常□量少

（評量標準：量多(>1 份)

正常($\geq$0.8 份)

量少($\leq$0.5 份)

排便方面

□無　□有，排便時間：_____：_____、_____：_____、_____：_____、_____：_____

狀況：□正常　□偏硬　□偏軟□腹瀉　□其他_____

睡眠情形

睡眠時間：_____：_____ ～ _____：_____

□安穩 □普通 □不安穩

□原因_____

情緒行為

□快樂 □不安 □哭鬧 □焦慮

□其他_____

□處理方式_____

健康紀錄

1.用藥時間：

吃藥時間：_____：_____老師簽名：_____

□藥粉□藥水_____cc、_____cc

吃藥時間：_____：_____老師簽名：_____

□藥粉□藥水_____cc、_____cc

2.身體狀況：

□正常 / 體溫:上午_____ 下午_____

□不適症狀：□發燒_____度 □嘔吐

□咳嗽□流鼻涕□鼻塞□紅疹□疲倦

□其他：_____

托育活動

□故事欣賞 □音樂欣賞 □教具操作

□嬰幼兒按摩□戶外散步 □音樂律動

□大肌肉活動□小肌肉活動

□其他活動_____

叮嚀事項

今日帶回清洗：□衣褲 □寢具

寶寶用品需再添加，請準備物品如下：

□尿布□濕紙巾□衛生紙□紗布巾

□備用衣_____件 /褲(長/短) _____件

□其他_____

親師交流園地

老師的話

親師交流

老師簽名：_____

家長簽名：_____

寶寶生活日記

____年____月____日 星期_____

飲食方面

| 早上餵奶時間：
____：____奶量_____c.c
中心餵奶時間：
時間____：____奶量____c.c
時間____：____奶量____c.c
時間____：____奶量____c.c
時間____：____奶量____c.c | 餐點：
□飯□粥□麵食
□肉類□魚/海鮮
□蔬菜□蛋/豆類
□精緻澱粉類

□副食品：_____ | 食量：
早上□量多□正常□量少
中午□量多□正常□量少
下午□量多□正常□量少
（評量標準：量多(>1份)
正常(≧0.8份)
量少(≦0.5份) |

排便方面

□無　□有，排便時間：____：____、____：____、____：____、____：____
狀況：□正常□偏硬□偏軟□腹瀉□其他_____

睡眠情形	情緒行為
睡眠時間：____：____ ～ ____：____ □安穩□普通□不安穩 □原因_____	□快樂□不安□哭鬧□焦慮 □其他_____ □處理方式_____

健康紀錄

| 1.用藥時間：
吃藥時間：____：____老師簽名：_____
□藥粉□藥水____cc、____cc
吃藥時間：____：____老師簽名：_____
□藥粉□藥水____cc、____cc | 2.身體狀況：
□正常 / 體溫:上午_____下午_____
□不適症狀：□發燒____度 □嘔吐
□咳嗽□流鼻涕□鼻塞□紅疹□疲倦
□其他：_____ |

托育活動	叮嚀事項
□故事欣賞　□音樂欣賞□教具操作 □嬰幼兒按摩□戶外散步　□音樂律動 □大肌肉活動□小肌肉活動 □其他活動_____	今日帶回清洗：□衣褲 □寢具 寶寶用品需再添加，請準備物品如下： □尿布□濕紙巾□衛生紙□紗布巾 □備用衣____件 /褲(長/短)____件 □其他_____

親師交流園地

老師的話	親師交流
       老師簽名：_____	 家長簽名：_____

寶寶生活日記

_____年_____月_____日 星期_____

飲食方面

早上餵奶時間： _____：_____ 奶量_____c.c 中心餵奶時間： 時間_____：_____ 奶量_____c.c 時間_____：_____ 奶量_____c.c 時間_____：_____ 奶量_____c.c 時間_____：_____ 奶量_____c.c	餐點： □飯□粥□麵食 □肉類□魚/海鮮 □蔬菜□蛋/豆類 □精緻澱粉類 □副食品：_____	食量： 早上□量多□正常□量少 中午□量多□正常□量少 下午□量多□正常□量少 （評量標準：量多（>1 份） 正常（≧0.8 份） 量少（≦0.5 份）

排便方面

□無　□有，排便時間：_____：_____ 、_____：_____ 、_____：_____ 、_____：_____

狀況：□正常 □偏硬 □偏軟□腹瀉 □其他_____

睡眠情形 / 情緒行為

睡眠情形	情緒行為
睡眠時間：_____：_____ ～ _____：_____ □安穩 □普通 □不安穩 □原因_____	□快樂 □不安 □哭鬧 □焦慮 □其他_____ □處理方式_____

健康紀錄

1. 用藥時間：	2. 身體狀況：
吃藥時間：_____：_____ 老師簽名：_____ □藥粉□藥水_____cc、_____cc 吃藥時間：_____：_____ 老師簽名：_____ □藥粉□藥水_____cc、_____cc	□正常 / 體溫:上午_____下午_____ □不適症狀：□發燒___度 □嘔吐 □咳嗽□流鼻涕□鼻塞□紅疹□疲倦 □其他：_____

托育活動 / 叮嚀事項

托育活動	叮嚀事項
□故事欣賞　□音樂欣賞　□教具操作 □嬰幼兒按摩□戶外散步　□音樂律動 □大肌肉活動□小肌肉活動 □其他活動_____	今日帶回清洗：□衣褲 □寢具 寶寶用品需再添加，請準備物品如下： □尿布□濕紙巾□衛生紙□紗布巾 □備用衣_____件 /褲(長/短) _____件 □其他_____

親師交流園地

老師的話	親師交流
        老師簽名：_____	 家長簽名：_____

寶寶生活日記

_____年_____月_____日 星期_____

飲食方面

| 早上餵奶時間：
_____：_____ 奶量_____c.c
中心餵奶時間：
時間_____：_____ 奶量_____c.c
時間_____：_____ 奶量_____c.c
時間_____：_____ 奶量_____c.c
時間_____：_____ 奶量_____c.c | 餐點：
□飯□粥□麵食
□肉類□魚/海鮮
□蔬菜□蛋/豆類
□精緻澱粉類

□副食品：_____ | 食量：
早上□量多□正常□量少
中午□量多□正常□量少
下午□量多□正常□量少
（評量標準：量多(>1份)
正常(≧0.8份)
量少(≦0.5份) |

排便方面

□無　□有，排便時間：_____：_____ 、_____：_____ 、_____：_____ 、_____：_____
狀況：□正常 □偏硬 □偏軟□腹瀉 □其他_____

睡眠情形 / 情緒行為

睡眠情形	情緒行為
睡眠時間：_____：_____ ～ _____：_____ □安穩 □普通 □不安穩 □原因_____	□快樂 □不安 □哭鬧 □焦慮 □其他_____ □處理方式_____

健康紀錄

| 1.用藥時間：
吃藥時間：_____：_____ 老師簽名：_____
□藥粉□藥水_____cc、_____cc
吃藥時間：_____：_____ 老師簽名：_____
□藥粉□藥水_____cc、_____cc | 2.身體狀況：
□正常 / 體溫：上午_____下午_____
□不適症狀：□發燒___度 □嘔吐
□咳嗽□流鼻涕□鼻塞□紅疹□疲倦
□其他：_____ |

托育活動 / 叮嚀事項

托育活動	叮嚀事項
□故事欣賞 □音樂欣賞 □教具操作 □嬰幼兒按摩□戶外散步 □音樂律動 □大肌肉活動□小肌肉活動 □其他活動_____	今日帶回清洗：□衣褲 □寢具 寶寶用品需再添加，請準備物品如下： □尿布□濕紙巾□衛生紙□紗布巾 □備用衣_____件 /褲(長/短) _____件 □其他_____

親師交流園地

老師的話	親師交流
老師簽名：_____	家長簽名：_____

寶寶生活日記

____年____月____日 星期_____

飲食方面

早上餵奶時間：

____：____奶量_____c.c

中心餵奶時間：

時間____：____奶量____c.c

時間____：____奶量____c.c

時間____：____奶量____c.c

時間____：____奶量____c.c

餐點：

☐飯☐粥☐麵食

☐肉類☐魚/海鮮

☐蔬菜☐蛋/豆類

☐精緻澱粉類

☐副食品：_____

食量：

早上☐量多☐正常☐量少

中午☐量多☐正常☐量少

下午☐量多☐正常☐量少

(評量標準:量多(>1份)

正常(≧0.8份)

量少(≦0.5份)

排便方面

☐無　☐有，排便時間：____：____、____：____、____：____、____：____

狀況：☐正常　☐偏硬　☐偏軟☐腹瀉　☐其他_____

睡眠情形

睡眠時間：____：____ ～ ____：____

☐安穩 ☐普通 ☐不安穩

☐原因_____

情緒行為

☐快樂 ☐不安 ☐哭鬧 ☐焦慮

☐其他_____

☐處理方式_____

健康紀錄

1. 用藥時間：

吃藥時間：____：____老師簽名：_____

☐藥粉☐藥水____CC、____CC

吃藥時間：____：____老師簽名：_____

☐藥粉☐藥水____CC、____CC

2. 身體狀況：

☐正常 / 體溫:上午_____下午_____

☐不適症狀：☐發燒____度 ☐嘔吐

☐咳嗽☐流鼻涕☐鼻塞☐紅疹☐疲倦

☐其他：_____

托育活動

☐故事欣賞　☐音樂欣賞　☐教具操作

☐嬰幼兒按摩☐戶外散步　☐音樂律動

☐大肌肉活動☐小肌肉活動

☐其他活動_____

叮嚀事項

今日帶回清洗：☐衣褲 ☐寢具

寶寶用品需再添加，請準備物品如下：

☐尿布☐濕紙巾☐衛生紙☐紗布巾

☐備用衣_____件 /褲(長/短)_____件

☐其他_____

親師交流園地

老師的話

親師交流

老師簽名：_____

家長簽名：_____

寶寶生活日記

_____年_____月_____日 星期_____

飲食方面

早上餵奶時間：
_____:_____ 奶量_____c.c
中心餵奶時間：
時間_____:_____ 奶量_____c.c
時間_____:_____ 奶量_____c.c
時間_____:_____ 奶量_____c.c
時間_____:_____ 奶量_____c.c

餐點：
□飯□粥□麵食
□肉類□魚/海鮮
□蔬菜□蛋/豆類
□精緻澱粉類

□副食品：_____

食量：
早上□量多□正常□量少
中午□量多□正常□量少
下午□量多□正常□量少
（評量標準：量多(>1份)
正常(≧0.8份)
量少(≦0.5份)

排便方面

□無　□有，排便時間：_____:_____、_____:_____、_____:_____、_____:_____
狀況：□正常 □偏硬 □偏軟□腹瀉 □其他_____

睡眠情形	情緒行為

睡眠時間：_____:_____ ～ _____:_____
□安穩 □普通 □不安穩
□原因_____

□快樂 □不安 □哭鬧 □焦慮
□其他_____
□處理方式_____

健康紀錄

1.用藥時間：
吃藥時間：_____:_____ 老師簽名：_____
□藥粉□藥水_____cc、_____cc
吃藥時間：_____:_____ 老師簽名：_____
□藥粉□藥水_____cc、_____cc

2.身體狀況：
□正常 / 體溫:上午_____ 下午_____
□不適症狀：□發燒___度 □嘔吐
□咳嗽□流鼻涕□鼻塞□紅疹□疲倦
□其他：_____

托育活動	叮嚀事項

□故事欣賞 □音樂欣賞 □教具操作
□嬰幼兒按摩□戶外散步 □音樂律動
□大肌肉活動□小肌肉活動
□其他活動_____

今日帶回清洗：□衣褲 □寢具
寶寶用品需再添加，請準備物品如下：
□尿布□濕紙巾□衛生紙□紗布巾
□備用衣_____件 /褲(長/短)_____件
□其他_____

親師交流園地

老師的話

老師簽名：_____

親師交流

家長簽名：_____

寶寶生活日記

_____年_____月_____日 星期_____

飲食方面

早上餵奶時間：	餐點：	食量：
_____：_____奶量_____c.c	□飯□粥□麵食	早上□量多□正常□量少
中心餵奶時間：	□肉類□魚/海鮮	中午□量多□正常□量少
時間_____：_____奶量_____c.c	□蔬菜□蛋/豆類	下午□量多□正常□量少
時間_____：_____奶量_____c.c	□精緻澱粉類	（評量標準：量多(>1份)
時間_____：_____奶量_____c.c		正常(≧0.8份)
時間_____：_____奶量_____c.c	□副食品：_____	量少(≦0.5份)

排便方面

□無　□有，排便時間：_____：_____、_____：_____、_____：_____、_____：_____

狀況：□正常 □偏硬 □偏軟□腹瀉 □其他_____

睡眠情形	情緒行為
睡眠時間：_____：_____ ～ _____：_____	□快樂 □不安 □哭鬧 □焦慮
□安穩 □普通 □不安穩	□其他_____
□原因_____	□處理方式_____

健康紀錄

1.用藥時間：	2.身體狀況：
吃藥時間：_____：_____老師簽名：_____	□正常 / 體溫:上午_____ 下午_____
□藥粉□藥水_____cc、_____cc	□不適症狀：□發燒___度 □嘔吐
吃藥時間：_____：_____老師簽名：_____	□咳嗽□流鼻涕□鼻塞□紅疹□疲倦
□藥粉□藥水_____cc、_____cc	□其他：_____

托育活動	叮嚀事項
□故事欣賞 □音樂欣賞 □教具操作	今日帶回清洗：□衣褲 □寢具
□嬰幼兒按摩□戶外散步 □音樂律動	寶寶用品需再添加，請準備物品如下：
□大肌肉活動□小肌肉活動	□尿布□濕紙巾□衛生紙□紗布巾
□其他活動_____	□備用衣_____件 /褲(長/短) _____件
	□其他_____

親師交流園地

老師的話	親師交流
老師簽名：_____	家長簽名：_____

寶寶生活日記

____年____月____日 星期_____

飲食方面

早上餵奶時間：
____：____奶量_____c.c

中心餵奶時間：

時間____：____奶量____c.c

時間____：____奶量____c.c

時間____：____奶量____c.c

時間____：____奶量____c.c

餐點：
□飯□粥□麵食
□肉類□魚/海鮮
□蔬菜□蛋/豆類
□精緻澱粉類

□副食品：_____

食量：
早上□量多□正常□量少
中午□量多□正常□量少
下午□量多□正常□量少
（評量標準：量多(>1份)
正常(≧0.8份)
量少(≦0.5份)

排便方面

□無　□有，排便時間：____：____、____：____、____：____、____：____
狀況：□正常 □偏硬 □偏軟□腹瀉 □其他_____

睡眠情形

睡眠時間：____：____ ～ ____：____
□安穩 □普通 □不安穩
□原因_____

情緒行為

□快樂 □不安 □哭鬧 □焦慮
□其他_____
□處理方式_____

健康紀錄

1.用藥時間：
吃藥時間：____：____老師簽名：_____
□藥粉□藥水____cc、____cc
吃藥時間：____：____老師簽名：_____
□藥粉□藥水____cc、____cc

2.身體狀況：
□正常 / 體溫:上午_____下午_____
□不適症狀：□發燒____度 □嘔吐
□咳嗽□流鼻涕□鼻塞□紅疹□疲倦
□其他：_____

托育活動

□故事欣賞　□音樂欣賞 □教具操作
□嬰幼兒按摩□戶外散步 □音樂律動
□大肌肉活動□小肌肉活動
□其他活動_____

叮嚀事項

今日帶回清洗：□衣褲 □寢具
寶寶用品需再添加，請準備物品如下：
□尿布□濕紙巾□衛生紙□紗布巾
□備用衣_____件 /褲(長/短) _____件
□其他_____

親師交流園地

老師的話

親師交流

老師簽名：_____

家長簽名：_____

寶寶生活日記

____年____月____日 星期_____

飲食方面

早上餵奶時間:
____:____ 奶量_____c.c

中心餵奶時間:
時間____:____ 奶量____c.c
時間____:____ 奶量____c.c
時間____:____ 奶量____c.c
時間____:____ 奶量____c.c

餐點:
□飯□粥□麵食
□肉類□魚/海鮮
□蔬菜□蛋/豆類
□精緻澱粉類

□副食品:_____

食量:
早上□量多□正常□量少
中午□量多□正常□量少
下午□量多□正常□量少
(評量標準:量多(>1份)
正常(≧0.8份)
量少(≦0.5份)

排便方面

□無　□有,排便時間:____:____、____:____、____:____、____:____
狀況:□正常 □偏硬 □偏軟□腹瀉 □其他_____

睡眠情形	情緒行為

睡眠時間:____:____ ～ ____:____
□安穩 □普通 □不安穩
□原因_____

□快樂 □不安 □哭鬧 □焦慮
□其他_____
□處理方式_____

健康紀錄

1.用藥時間:
吃藥時間:____:____ 老師簽名:_____
□藥粉□藥水____cc、____cc
吃藥時間:____:____ 老師簽名:_____
□藥粉□藥水____cc、____cc

2.身體狀況:
□正常 / 體溫:上午_____下午_____
□不適症狀:□發燒____度 □嘔吐
□咳嗽□流鼻涕□鼻塞□紅疹□疲倦
□其他:_____

托育活動	叮嚀事項

□故事欣賞 □音樂欣賞 □教具操作
□嬰幼兒按摩□戶外散步 □音樂律動
□大肌肉活動□小肌肉活動
□其他活動_____

今日帶回清洗:□衣褲 □寢具
寶寶用品需再添加,請準備物品如下:
□尿布□濕紙巾□衛生紙□紗布巾
□備用衣_____件 /褲(長/短)_____件
□其他_____

親師交流園地

老師的話

親師交流

老師簽名:_____

家長簽名:_____

寶寶生活日記

_____年_____月_____日 星期_____

飲食方面

早上餵奶時間：

　_____：_____奶量_____c.c

中心餵奶時間：

時間_____：_____奶量_____c.c

時間_____：_____奶量_____c.c

時間_____：_____奶量_____c.c

時間_____：_____奶量_____c.c

餐點：

□飯□粥□麵食

□肉類□魚/海鮮

□蔬菜□蛋/豆類

□精緻澱粉類

□副食品：_____

食量：

早上□量多□正常□量少

中午□量多□正常□量少

下午□量多□正常□量少

（評量標準：量多(>1份)

正常(≥ 0.8份)

量少(≤ 0.5份)

排便方面

□無　□有，排便時間：_____：_____、_____：_____、_____：_____、_____：_____

狀況：□正常　□偏硬　□偏軟□腹瀉　□其他_____

睡眠情形	情緒行為
睡眠時間：_____：_____ ～ _____：_____ □安穩 □普通 □不安穩 □原因_____	□快樂 □不安 □哭鬧 □焦慮 □其他_____ □處理方式_____

健康紀錄

1.用藥時間：	2.身體狀況：
吃藥時間：_____：_____老師簽名：_____ □藥粉□藥水_____cc、_____cc 吃藥時間：_____：_____老師簽名：_____ □藥粉□藥水_____cc、_____cc	□正常 / 體溫:上午_____下午_____ □不適症狀：□發燒___度 □嘔吐 □咳嗽□流鼻涕□鼻塞□紅疹□疲倦 □其他：_____

托育活動	叮嚀事項
□故事欣賞　□音樂欣賞□教具操作 □嬰幼兒按摩□戶外散步　□音樂律動 □大肌肉活動□小肌肉活動 □其他活動_____	今日帶回清洗：□衣褲　□寢具 寶寶用品需再添加，請準備物品如下： □尿布□濕紙巾□衛生紙□紗布巾 □備用衣_____件 /褲(長/短) _____件 □其他_____

親師交流園地

老師的話	親師交流
         老師簽名：_____	 家長簽名：_____

寶寶生活日記

_____年_____月_____日 星期_____

飲食方面

早上餵奶時間：
_____：_____奶量_____c.c
中心餵奶時間：
時間_____：_____奶量_____c.c
時間_____：_____奶量_____c.c
時間_____：_____奶量_____c.c
時間_____：_____奶量_____c.c

餐點：
□飯□粥□麵食
□肉類□魚/海鮮
□蔬菜□蛋/豆類
□精緻澱粉類

□副食品：_____

食量：
早上□量多□正常□量少
中午□量多□正常□量少
下午□量多□正常□量少
（評量標準：量多(>1份)
正常(≧0.8份)
量少(≦0.5份)

排便方面

□無　□有，排便時間：_____：_____、_____：_____、_____：_____、_____：_____
狀況：□正常 □偏硬 □偏軟□腹瀉 □其他_____

睡眠情形	情緒行為

睡眠時間：_____：_____ ～ _____：_____
□安穩 □普通 □不安穩
□原因_____

□快樂 □不安 □哭鬧 □焦慮
□其他_____
□處理方式_____

健康紀錄

1.用藥時間：
吃藥時間：_____：_____老師簽名：_____
□藥粉□藥水____cc、____cc
吃藥時間：_____：_____老師簽名：_____
□藥粉□藥水____cc、____cc

2.身體狀況：
□正常 / 體溫:上午_____下午_____
□不適症狀:□發燒___度 □嘔吐
□咳嗽□流鼻涕□鼻塞□紅疹□疲倦
□其他：_____

托育活動	叮嚀事項

□故事欣賞 □音樂欣賞 □教具操作
□嬰幼兒按摩□戶外散步 □音樂律動
□大肌肉活動□小肌肉活動
□其他活動_____

今日帶回清洗：□衣褲 □寢具
寶寶用品需再添加，請準備物品如下：
□尿布□濕紙巾□衛生紙□紗布巾
□備用衣_____件 /褲(長/短) _____件
□其他_____

親師交流園地

老師的話

老師簽名：_____

親師交流

家長簽名：_____

寶寶生活日記

_____年_____月_____日 星期_____

飲食方面

早上餵奶時間：
_____:_____ 奶量_____c.c

中心餵奶時間：

時間_____:_____ 奶量_____c.c

時間_____:_____ 奶量_____c.c

時間_____:_____ 奶量_____c.c

時間_____:_____ 奶量_____c.c

餐點：
□飯□粥□麵食
□肉類□魚/海鮮
□蔬菜□蛋/豆類
□精緻澱粉類

□副食品：_____

食量：
早上□量多□正常□量少
中午□量多□正常□量少
下午□量多□正常□量少
（評量標準：量多(>1份)
正常(≧0.8份)
量少(≦0.5份)

排便方面

□無　□有，排便時間：_____:_____、_____:_____、_____:_____、_____:_____
狀況：□正常 □偏硬 □偏軟□腹瀉 □其他_____

睡眠情形

睡眠時間：_____:_____ ～ _____:_____
□安穩 □普通 □不安穩
□原因_____

情緒行為

□快樂 □不安 □哭鬧 □焦慮
□其他_____
□處理方式_____

健康紀錄

1.用藥時間：

吃藥時間：_____:_____老師簽名：_____

□藥粉□藥水____cc、____cc

吃藥時間：_____:_____老師簽名：_____

□藥粉□藥水____cc、____cc

2.身體狀況：

□正常 / 體溫:上午_____下午_____
□不適症狀：□發燒___度 □嘔吐
□咳嗽□流鼻涕□鼻塞□紅疹□疲倦
□其他：_____

托育活動

□故事欣賞 □音樂欣賞 □教具操作
□嬰幼兒按摩□戶外散步 □音樂律動
□大肌肉活動□小肌肉活動
□其他活動_____

叮嚀事項

今日帶回清洗：□衣褲 □寢具
寶寶用品需再添加，請準備物品如下：
□尿布□濕紙巾□衛生紙□紗布巾
□備用衣_____件 /褲(長/短)_____件
□其他_____

親師交流園地

老師的話

親師交流

老師簽名：_____

家長簽名：_____

寶寶生活日記

_____年_____月_____日 星期_____

飲食方面		

早上餵奶時間：
_____:_____奶量_____c.c
中心餵奶時間：
時間_____:_____奶量_____c.c
時間_____:_____奶量_____c.c
時間_____:_____奶量_____c.c
時間_____:_____奶量_____c.c

餐點：
□飯□粥□麵食
□肉類□魚/海鮮
□蔬菜□蛋/豆類
□精緻澱粉類

□副食品：_____

食量：
早上□量多□正常□量少
中午□量多□正常□量少
下午□量多□正常□量少
（評量標準：量多(>1份)
正常(≧0.8份)
量少(≦0.5份)

排便方面

□無　□有，排便時間：_____:_____、_____:_____、_____:_____、_____:_____
狀況：□正常 □偏硬 □偏軟□腹瀉 □其他_____

睡眠情形	情緒行為

睡眠時間：_____:_____ ～ _____:_____
□安穩 □普通 □不安穩
□原因_____

□快樂 □不安 □哭鬧 □焦慮
□其他_____
□處理方式_____

健康紀錄

1.用藥時間：
吃藥時間：_____:_____老師簽名：_____
□藥粉□藥水_____cc、_____cc
吃藥時間：_____:_____老師簽名：_____
□藥粉□藥水_____cc、_____cc

2.身體狀況：
□正常 / 體溫:上午_____下午_____
□不適症狀:□發燒___度 □嘔吐
□咳嗽□流鼻涕□鼻塞□紅疹□疲倦
□其他：_____

托育活動	叮嚀事項

□故事欣賞 □音樂欣賞 □教具操作
□嬰幼兒按摩□戶外散步 □音樂律動
□大肌肉活動□小肌肉活動
□其他活動_____

今日帶回清洗：□衣褲 □寢具
寶寶用品需再添加，請準備物品如下：
□尿布□濕紙巾□衛生紙□紗布巾
□備用衣_____件 /褲(長/短) _____件
□其他_____

親師交流園地

老師的話	親師交流
老師簽名：_____	家長簽名：_____

寶寶生活日記

_____年_____月_____日 星期_____

飲食方面

| 早上餵奶時間：
_____：_____奶量_____c.c
中心餵奶時間：
時間_____：_____奶量_____c.c
時間_____：_____奶量_____c.c
時間_____：_____奶量_____c.c
時間_____：_____奶量_____c.c | 餐點：
□飯□粥□麵食
□肉類□魚/海鮮
□蔬菜□蛋/豆類
□精緻澱粉類

□副食品：_____ | 食量：
早上□量多□正常□量少
中午□量多□正常□量少
下午□量多□正常□量少
(評量標準:量多(>1份)
正常(≧0.8份)
量少(≦0.5份) |

排便方面

□無　□有，排便時間：_____：_____、_____：_____、_____：_____、_____：_____
狀況：□正常　□偏硬　□偏軟□腹瀉　□其他_____

睡眠情形	情緒行為
睡眠時間：_____：_____ ～ _____：_____ □安穩　□普通　□不安穩 □原因_____	□快樂　□不安　□哭鬧　□焦慮 □其他_____ □處理方式_____

健康紀錄

| 1.用藥時間：
吃藥時間：_____：_____老師簽名：_____
□藥粉□藥水_____cc、_____cc
吃藥時間：_____：_____老師簽名：_____
□藥粉□藥水_____cc、_____cc | 2.身體狀況：
□正常 / 體溫:上午_____下午_____
□不適症狀：□發燒___度 □嘔吐
□咳嗽□流鼻涕□鼻塞□紅疹□疲倦
□其他：_____ |

托育活動	叮嚀事項
□故事欣賞　□音樂欣賞□教具操作 □嬰幼兒按摩□戶外散步□音樂律動 □大肌肉活動□小肌肉活動 □其他活動_____	今日帶回清洗：□衣褲　□寢具 寶寶用品需再添加，請準備物品如下： □尿布□濕紙巾□衛生紙□紗布巾 □備用衣_____件 /褲(長/短)_____件 □其他_____

親師交流園地

老師的話	親師交流
老師簽名：_____	家長簽名：_____

寶寶生活日記

____年____月____日 星期_____

飲食方面

早上餵奶時間：
____：____ 奶量_____c.c
中心餵奶時間：
時間____：____ 奶量____c.c
時間____：____ 奶量____c.c
時間____：____ 奶量____c.c
時間____：____ 奶量____c.c

餐點：
□飯□粥□麵食
□肉類□魚/海鮮
□蔬菜□蛋/豆類
□精緻澱粉類

□副食品：_____

食量：
早上□量多□正常□量少
中午□量多□正常□量少
下午□量多□正常□量少
(評量標準:量多(>1份)
正常(≧0.8份)
量少(≦0.5份)

排便方面

□無　□有，排便時間：____：____、____：____、____：____、____：____
狀況：□正常 □偏硬 □偏軟□腹瀉 □其他_____

睡眠情形	情緒行為

睡眠時間：____：____ ～ ____：____
□安穩 □普通 □不安穩
□原因_____

□快樂 □不安 □哭鬧 □焦慮
□其他_____
□處理方式_____

健康紀錄

1.用藥時間：
吃藥時間：____：____老師簽名：_____
□藥粉□藥水____cc、____cc
吃藥時間：____：____老師簽名：_____
□藥粉□藥水____cc、____cc

2.身體狀況：
□正常 / 體溫:上午_____下午_____
□不適症狀:□發燒____度 □嘔吐
□咳嗽□流鼻涕□鼻塞□紅疹□疲倦
□其他：_____

托育活動	叮嚀事項

□故事欣賞 □音樂欣賞 □教具操作
□嬰幼兒按摩□戶外散步 □音樂律動
□大肌肉活動□小肌肉活動
□其他活動_____

今日帶回清洗:□衣褲 □寢具
寶寶用品需再添加，請準備物品如下：
□尿布□濕紙巾□衛生紙□紗布巾
□備用衣_____件 /褲(長/短) _____件
□其他_____

親師交流園地

老師的話

老師簽名：_____

親師交流

家長簽名：_____

寶寶生活日記

_____年_____月_____日　星期_____

飲食方面

| 早上餵奶時間：
_____:_____奶量_____c.c
中心餵奶時間：
時間_____:_____奶量_____c.c
時間_____:_____奶量_____c.c
時間_____:_____奶量_____c.c
時間_____:_____奶量_____c.c | 餐點：
□飯□粥□麵食
□肉類□魚/海鮮
□蔬菜□蛋/豆類
□精緻澱粉類

□副食品：_____ | 食量：
早上□量多□正常□量少
中午□量多□正常□量少
下午□量多□正常□量少
（評量標準：量多(>1份)
正常(≧0.8份)
量少(≦0.5份) |

排便方面

□無　□有，排便時間：_____:_____、_____:_____、_____:_____、_____:_____
狀況：□正常　□偏硬　□偏軟□腹瀉　□其他_____

睡眠情形 / 情緒行為

睡眠情形	情緒行為
睡眠時間：_____:_____ ～ _____:_____ □安穩 □普通 □不安穩 □原因_____	□快樂 □不安 □哭鬧 □焦慮 □其他_____ □處理方式_____

健康紀錄

| 1.用藥時間：
吃藥時間：_____:_____老師簽名：_____
□藥粉□藥水_____cc、_____cc
吃藥時間：_____:_____老師簽名：_____
□藥粉□藥水_____cc、_____cc | 2.身體狀況：
□正常 / 體溫:上午_____下午_____
□不適症狀:□發燒_____度 □嘔吐
□咳嗽□流鼻涕□鼻塞□紅疹□疲倦
□其他：_____ |

托育活動 / 叮嚀事項

托育活動	叮嚀事項
□故事欣賞　□音樂欣賞　□教具操作 □嬰幼兒按摩□戶外散步　□音樂律動 □大肌肉活動□小肌肉活動 □其他活動_____	今日帶回清洗：□衣褲 □寢具 寶寶用品需再添加，請準備物品如下： □尿布□濕紙巾□衛生紙□紗布巾 □備用衣_____件 /褲(長/短)_____件 □其他_____

親師交流園地

老師的話	親師交流
老師簽名：_____	家長簽名：_____

寶寶生活日記

_____年_____月_____日 星期_____

飲食方面		
早上餵奶時間： _____:_____ 奶量_____c.c 中心餵奶時間： 時間_____:_____ 奶量_____c.c 時間_____:_____ 奶量_____c.c 時間_____:_____ 奶量_____c.c 時間_____:_____ 奶量_____c.c	餐點： □飯□粥□麵食 □肉類□魚/海鮮 □蔬菜□蛋/豆類 □精緻澱粉類 □副食品：_____	食量： 早上□量多□正常□量少 中午□量多□正常□量少 下午□量多□正常□量少 （評量標準：量多(>1 份) 正常(≧0.8 份) 量少(≦0.5 份)

排便方面

□無　□有，排便時間：_____:_____、_____:_____、_____:_____、_____:_____
狀況：□正常 □偏硬 □偏軟□腹瀉 □其他_____

睡眠情形	情緒行為
睡眠時間：_____:_____ ～ _____:_____ □安穩 □普通 □不安穩 □原因_____	□快樂 □不安 □哭鬧 □焦慮 □其他_____ □處理方式_____

健康紀錄

1.用藥時間：	2.身體狀況：
吃藥時間：_____:_____ 老師簽名：_____ □藥粉□藥水_____cc、_____cc 吃藥時間：_____:_____ 老師簽名：_____ □藥粉□藥水_____cc、_____cc	□正常 ／ 體溫：上午_____ 下午_____ □不適症狀：□發燒___度 □嘔吐 □咳嗽□流鼻涕□鼻塞□紅疹□疲倦 □其他：_____

托育活動	叮嚀事項
□故事欣賞 □音樂欣賞 □教具操作 □嬰幼兒按摩□戶外散步 □音樂律動 □大肌肉活動□小肌肉活動 □其他活動_____	今日帶回清洗：□衣褲 □寢具 寶寶用品需再添加，請準備物品如下： □尿布 □濕紙巾□衛生紙□紗布巾 □備用衣_____件 ／褲(長/短) _____件 □其他_____

親師交流園地

老師的話	親師交流
       老師簽名：_____	 家長簽名：_____

寶寶生活日記

_____年_____月_____日 星期_____

飲食方面

早上餵奶時間：
_____：_____奶量_____c.c

中心餵奶時間：

時間_____：_____奶量_____c.c

時間_____：_____奶量_____c.c

時間_____：_____奶量_____c.c

時間_____：_____奶量_____c.c

餐點：
- □飯□粥□麵食
- □肉類□魚/海鮮
- □蔬菜□蛋/豆類
- □精緻澱粉類
- □副食品：_____

食量：

早上□量多□正常□量少

中午□量多□正常□量少

下午□量多□正常□量少

(評量標準:量多(>1份)

正常(≧0.8份)

量少(≦0.5份)

排便方面

□無　□有，排便時間：_____：_____、_____：_____、_____：_____、_____：_____

狀況：□正常　□偏硬　□偏軟□腹瀉　□其他_____

睡眠情形 / 情緒行為

睡眠情形	情緒行為
睡眠時間：_____：_____ ～ _____：_____	□快樂　□不安　□哭鬧　□焦慮
□安穩　□普通　□不安穩	□其他_____
□原因_____	□處理方式_____

健康紀錄

1.用藥時間：

吃藥時間：_____：_____老師簽名：_____

□藥粉□藥水_____cc、_____cc

吃藥時間：_____：_____老師簽名：_____

□藥粉□藥水_____cc、_____cc

2.身體狀況：

□正常／體溫:上午_____下午_____

□不適症狀：□發燒___度　□嘔吐

□咳嗽□流鼻涕□鼻塞□紅疹□疲倦

□其他：_____

托育活動 / 叮嚀事項

托育活動	叮嚀事項
□故事欣賞　□音樂欣賞　□教具操作 □嬰幼兒按摩□戶外散步　□音樂律動 □大肌肉活動□小肌肉活動 □其他活動_____	今日帶回清洗：□衣褲　□寢具 寶寶用品需再添加，請準備物品如下： □尿布□濕紙巾□衛生紙□紗布巾 □備用衣_____件／褲(長/短)_____件 □其他_____

親師交流園地

老師的話

老師簽名：_____

親師交流

家長簽名：_____

寶寶生活日記

_____年_____月_____日 星期_____

飲食方面

| 早上餵奶時間：
_____：_____奶量_____c.c
中心餵奶時間：
時間_____：_____奶量_____c.c
時間_____：_____奶量_____c.c
時間_____：_____奶量_____c.c
時間_____：_____奶量_____c.c | 餐點：
□飯□粥□麵食
□肉類□魚/海鮮
□蔬菜□蛋/豆類
□精緻澱粉類

□副食品：_____ | 食量：
早上□量多□正常□量少
中午□量多□正常□量少
下午□量多□正常□量少
（評量標準:量多(>1份)
正常(≧0.8份)
量少(≦0.5份) |

排便方面

□無　□有，排便時間：_____：_____、_____：_____、_____：_____、_____：_____
狀況：□正常 □偏硬 □偏軟□腹瀉 □其他_____

睡眠情形	情緒行為
睡眠時間：_____：_____ ～ _____：_____ □安穩 □普通 □不安穩 □原因_____	□快樂 □不安 □哭鬧 □焦慮 □其他_____ □處理方式_____

健康紀錄

1.用藥時間： 吃藥時間：_____：_____老師簽名：_____ □藥粉□藥水_____cc、_____cc 吃藥時間：_____：_____老師簽名：_____ □藥粉□藥水_____cc、_____cc	2.身體狀況： □正常 / 體溫:上午_____下午_____ □不適症狀：□發燒___度 □嘔吐 □咳嗽□流鼻涕□鼻塞□紅疹□疲倦 □其他：_____

托育活動	叮嚀事項
□故事欣賞 □音樂欣賞 □教具操作 □嬰幼兒按摩□戶外散步 □音樂律動 □大肌肉活動□小肌肉活動 □其他活動_____	今日帶回清洗：□衣褲 □寢具 寶寶用品需再添加，請準備物品如下： □尿布□濕紙巾□衛生紙□紗布巾 □備用衣_____件 /褲(長/短)_____件 □其他_____

親師交流園地

老師的話	親師交流
老師簽名：_____	家長簽名：_____

寶寶生活日記

____年____月____日 星期_____

飲食方面

早上餵奶時間：	餐點：	食量：
____：____奶量_____c.c	□飯□粥□麵食	早上□量多□正常□量少
中心餵奶時間：	□肉類□魚/海鮮	中午□量多□正常□量少
時間____：____奶量____c.c	□蔬菜□蛋/豆類	下午□量多□正常□量少
時間____：____奶量____c.c	□精緻澱粉類	（評量標準:量多(>1 份)
時間____：____奶量____c.c		正常(≧0.8 份)
時間____：____奶量____c.c	□副食品：_____	量少(≦0.5 份)

排便方面

□無　□有，排便時間：____：____、____：____、____：____、____：____

狀況：□正常□偏硬□偏軟□腹瀉□其他_____

睡眠情形 / 情緒行為

睡眠情形	情緒行為
睡眠時間：____：____ ～ ____：____	□快樂 □不安 □哭鬧 □焦慮
□安穩 □普通 □不安穩	□其他_____
□原因_____	□處理方式_____

健康紀錄

1.用藥時間：	2.身體狀況：
吃藥時間：____：____老師簽名：_____	□正常 / 體溫:上午_____下午_____
□藥粉□藥水____cc、____cc	□不適症狀：□發燒___度 □嘔吐
吃藥時間：____：____老師簽名：_____	□咳嗽□流鼻涕□鼻塞□紅疹□疲倦
□藥粉□藥水____cc、____cc	□其他：_____

托育活動 / 叮嚀事項

托育活動	叮嚀事項
□故事欣賞 □音樂欣賞 □教具操作	今日帶回清洗：□衣褲 □寢具
□嬰幼兒按摩□戶外散步 □音樂律動	寶寶用品需再添加，請準備物品如下：
□大肌肉活動□小肌肉活動	□尿布□濕紙巾□衛生紙□紗布巾
□其他活動_____	□備用衣_____件 /褲(長/短) _____件
	□其他_____

親師交流園地

老師的話	親師交流
老師簽名：_____	家長簽名：_____

寶寶生活日記

____年____月____日 星期_____

飲食方面

早上餵奶時間：

____：____奶量_____c.c

中心餵奶時間：

時間____：____奶量____c.c

時間____：____奶量____c.c

時間____：____奶量____c.c

時間____：____奶量____c.c

餐點：

□飯□粥□麵食

□肉類□魚/海鮮

□蔬菜□蛋/豆類

□精緻澱粉類

□副食品：_____

食量：

早上□量多□正常□量少

中午□量多□正常□量少

下午□量多□正常□量少

（評量標準：量多（>1份）

正常（≧0.8份）

量少（≦0.5份）

排便方面

□無　□有，排便時間：____：____、____：____、____：____、____：____

狀況：□正常 □偏硬 □偏軟□腹瀉 □其他_____

睡眠情形

睡眠時間：____：____ ～ ____：____

□安穩 □普通 □不安穩

□原因_____

情緒行為

□快樂 □不安 □哭鬧 □焦慮

□其他_____

□處理方式_____

健康紀錄

1.用藥時間：

吃藥時間：____：____老師簽名：_____

□藥粉□藥水____CC、____CC

吃藥時間：____：____老師簽名：_____

□藥粉□藥水____CC、____CC

2.身體狀況：

□正常 / 體溫：上午_____下午_____

□不適症狀：□發燒____度 □嘔吐

□咳嗽□流鼻涕□鼻塞□紅疹□疲倦

□其他：_____

托育活動

□故事欣賞　□音樂欣賞□教具操作

□嬰幼兒按摩□戶外散步□音樂律動

□大肌肉活動□小肌肉活動

□其他活動_____

叮嚀事項

今日帶回清洗：□衣褲 □寢具

寶寶用品需再添加，請準備物品如下：

□尿布□濕紙巾□衛生紙□紗布巾

□備用衣_____件 /褲(長/短) _____件

□其他_____

親師交流園地

老師的話

老師簽名：_____

親師交流

家長簽名：_____

寶寶生活日記

_____年_____月_____日 星期_____

飲食方面

早上餵奶時間：
_____：_____奶量_____c.c
中心餵奶時間：
時間_____：_____奶量_____c.c
時間_____：_____奶量_____c.c
時間_____：_____奶量_____c.c
時間_____：_____奶量_____c.c

餐點：
□飯□粥□麵食
□肉類□魚/海鮮
□蔬菜□蛋/豆類
□精緻澱粉類

□副食品：_____

食量：
早上□量多□正常□量少
中午□量多□正常□量少
下午□量多□正常□量少
（評量標準：量多(>1份)
正常(≧0.8份)
量少(≦0.5份)

排便方面

□無　□有，排便時間：_____：_____、_____：_____、_____：_____、_____：_____
狀況：□正常 □偏硬 □偏軟□腹瀉 □其他_____

睡眠情形

睡眠時間：_____：_____ ～ _____：_____
□安穩 □普通 □不安穩
□原因_____

情緒行為

□快樂 □不安 □哭鬧 □焦慮
□其他_____
□處理方式_____

健康紀錄

1.用藥時間：
吃藥時間：_____：_____老師簽名：_____
□藥粉□藥水_____cc、_____cc
吃藥時間：_____：_____老師簽名：_____
□藥粉□藥水_____cc、_____cc

2.身體狀況：
□正常 ／ 體溫:上午_____下午_____
□不適症狀：□發燒___度 □嘔吐
□咳嗽□流鼻涕□鼻塞□紅疹□疲倦
□其他：_____

托育活動

□故事欣賞 □音樂欣賞 □教具操作
□嬰幼兒按摩□戶外散步 □音樂律動
□大肌肉活動□小肌肉活動
□其他活動_____

叮嚀事項

今日帶回清洗：□衣褲 □寢具
寶寶用品需再添加，請準備物品如下：
□尿布□濕紙巾□衛生紙□紗布巾
□備用衣_____件 /褲(長/短) _____件
□其他_____

親師交流園地

老師的話

親師交流

老師簽名：_____

家長簽名：_____

寶寶生活日記

____年____月____日 星期_____

飲食方面

早上餵奶時間： ____：____奶量_____c.c 中心餵奶時間： 時間____：____奶量____c.c 時間____：____奶量____c.c 時間____：____奶量____c.c 時間____：____奶量____c.c	餐點： □飯□粥□麵食 □肉類□魚/海鮮 □蔬菜□蛋/豆類 □精緻澱粉類 □副食品：_____	食量： 早上□量多□正常□量少 中午□量多□正常□量少 下午□量多□正常□量少 (評量標準:量多(>1 份) 正常(≧0.8 份) 量少(≦0.5 份)

排便方面

□無　□有，排便時間：____：____、____：____、____：____、____：____

狀況：□正常 □偏硬 □偏軟□腹瀉 □其他_____

睡眠情形	情緒行為
睡眠時間：____：____ ～ ____：____ □安穩 □普通 □不安穩 □原因_____	□快樂 □不安 □哭鬧 □焦慮 □其他_____ □處理方式_____

健康紀錄

1.用藥時間： 吃藥時間：____：____老師簽名：_____ □藥粉□藥水____cc、____cc 吃藥時間：____：____老師簽名：_____ □藥粉□藥水____cc、____cc	2.身體狀況： □正常 / 體溫:上午_____下午_____ □不適症狀:□發燒____度 □嘔吐 □咳嗽□流鼻涕□鼻塞□紅疹□疲倦 □其他：_____

托育活動	叮嚀事項
□故事欣賞 □音樂欣賞 □教具操作 □嬰幼兒按摩□戶外散步 □音樂律動 □大肌肉活動□小肌肉活動 □其他活動_____	今日帶回清洗：□衣褲 □寢具 寶寶用品需再添加，請準備物品如下： □尿布□濕紙巾□衛生紙□紗布巾 □備用衣_____件 /褲(長/短) _____件 □其他_____

親師交流園地

老師的話	親師交流
        老師簽名：_____	 家長簽名：_____

寶寶生活日記

_____年_____月_____日 星期_____

飲食方面

早上餵奶時間：
_____：_____奶量_____c.c

中心餵奶時間：
時間_____：_____奶量_____c.c
時間_____：_____奶量_____c.c
時間_____：_____奶量_____c.c
時間_____：_____奶量_____c.c

餐點：
□飯□粥□麵食
□肉類□魚/海鮮
□蔬菜□蛋/豆類
□精緻澱粉類

□副食品：_____

食量：
早上□量多□正常□量少
中午□量多□正常□量少
下午□量多□正常□量少
（評量標準：量多(>1份)
正常(≧0.8份)
量少(≦0.5份)

排便方面

□無　□有，排便時間：_____：_____、_____：_____、_____：_____、_____：_____
狀況：□正常 □偏硬 □偏軟□腹瀉 □其他_____

睡眠情形	情緒行為
睡眠時間：_____：_____ ～ _____：_____ □安穩 □普通 □不安穩 □原因_____	□快樂 □不安 □哭鬧 □焦慮 □其他_____ □處理方式_____

健康紀錄

1.用藥時間：
吃藥時間：_____：_____老師簽名：_____
□藥粉□藥水_____cc、_____cc
吃藥時間：_____：_____老師簽名：_____
□藥粉□藥水_____cc、_____cc

2.身體狀況：
□正常 / 體溫:上午_____下午_____
□不適症狀：□發燒___度 □嘔吐
□咳嗽□流鼻涕□鼻塞□紅疹□疲倦
□其他：_____

托育活動	叮嚀事項
□故事欣賞　□音樂欣賞 □教具操作 □嬰幼兒按摩□戶外散步 □音樂律動 □大肌肉活動□小肌肉活動 □其他活動_____	今日帶回清洗：□衣褲 □寢具 寶寶用品需再添加，請準備物品如下： □尿布□濕紙巾□衛生紙□紗布巾 □備用衣_____件 /褲(長/短) _____件 □其他_____

親師交流園地

老師的話

親師交流

老師簽名：_____

家長簽名：_____

寶寶生活日記

_____年_____月_____日 星期_____

飲食方面

早上餵奶時間：
_____：_____奶量_____c.c

中心餵奶時間：
時間_____：_____奶量_____c.c
時間_____：_____奶量_____c.c
時間_____：_____奶量_____c.c
時間_____：_____奶量_____c.c

餐點：
□飯□粥□麵食
□肉類□魚/海鮮
□蔬菜□蛋/豆類
□精緻澱粉類

□副食品：_____

食量：
早上□量多□正常□量少
中午□量多□正常□量少
下午□量多□正常□量少
（評量標準:量多(>1 份)
正常(≧0.8 份)
量少(≦0.5 份)

排便方面

□無　□有，排便時間：_____：_____、_____：_____、_____：_____、_____：_____

狀況：□正常 □偏硬 □偏軟□腹瀉 □其他_____

睡眠情形

睡眠時間：_____：_____ ～ _____：_____
□安穩 □普通 □不安穩
□原因_____

情緒行為

□快樂 □不安 □哭鬧 □焦慮
□其他_____
□處理方式_____

健康紀錄

1.用藥時間：
吃藥時間：_____：_____老師簽名：_____
□藥粉□藥水_____CC、_____CC
吃藥時間：_____：_____老師簽名：_____
□藥粉□藥水_____CC、_____CC

2.身體狀況：
□正常 / 體溫:上午_____下午_____
□不適症狀:□發燒_____度 □嘔吐
□咳嗽□流鼻涕□鼻塞□紅疹□疲倦
□其他：_____

托育活動

□故事欣賞　□音樂欣賞□教具操作
□嬰幼兒按摩□戶外散步□音樂律動
□大肌肉活動□小肌肉活動
□其他活動_____

叮嚀事項

今日帶回清洗：□衣褲 □寢具
寶寶用品需再添加，請準備物品如下：
□尿布□濕紙巾□衛生紙□紗布巾
□備用衣_____件 /褲(長/短) _____件
□其他_____

親師交流園地

老師的話

親師交流

老師簽名：_____　　　　家長簽名：_____

寶寶生活日記

_____年_____月_____日 星期_____

飲食方面

| 早上餵奶時間：
_____：_____奶量_____c.c
中心餵奶時間：
時間_____：_____奶量_____c.c
時間_____：_____奶量_____c.c
時間_____：_____奶量_____c.c
時間_____：_____奶量_____c.c | 餐點：
□飯□粥□麵食
□肉類□魚/海鮮
□蔬菜□蛋/豆類
□精緻澱粉類

□副食品：_____ | 食量：
早上□量多□正常□量少
中午□量多□正常□量少
下午□量多□正常□量少
（評量標準：量多(>1份)
正常(≧0.8份)
量少(≦0.5份) |

排便方面

□無　　□有，排便時間：_____：_____、_____：_____、_____：_____、_____：_____

狀況：□正常 □偏硬 □偏軟□腹瀉 □其他_____

睡眠情形	情緒行為
睡眠時間：_____：_____ ～ _____：_____ □安穩 □普通 □不安穩 □原因_____	□快樂 □不安 □哭鬧 □焦慮 □其他_____ □處理方式_____

健康紀錄

| 1.用藥時間：
吃藥時間：_____：_____老師簽名：_____
□藥粉□藥水_____cc、_____cc
吃藥時間：_____：_____老師簽名：_____
□藥粉□藥水_____cc、_____cc | 2.身體狀況：
□正常 / 體溫：上午_____下午_____
□不適症狀：□發燒_____度 □嘔吐
□咳嗽□流鼻涕□鼻塞□紅疹□疲倦
□其他：_____ |

托育活動	叮嚀事項
□故事欣賞 □音樂欣賞 □教具操作 □嬰幼兒按摩□戶外散步 □音樂律動 □大肌肉活動□小肌肉活動 □其他活動_____	今日帶回清洗：□衣褲 □寢具 寶寶用品需再添加，請準備物品如下： □尿布□濕紙巾□衛生紙□紗布巾 □備用衣_____件 /褲(長/短)_____件 □其他_____

親師交流園地

老師的話	親師交流
老師簽名：_____	家長簽名：_____

寶寶生活日記

_____年_____月_____日 星期_____

飲食方面

早上餵奶時間：
_____：_____奶量_____c.c
中心餵奶時間：
時間_____：_____奶量_____c.c
時間_____：_____奶量_____c.c
時間_____：_____奶量_____c.c
時間_____：_____奶量_____c.c

餐點：
□飯□粥□麵食
□肉類□魚/海鮮
□蔬菜□蛋/豆類
□精緻澱粉類

□副食品：_____

食量：
早上□量多□正常□量少
中午□量多□正常□量少
下午□量多□正常□量少
（評量標準：量多(>1份)
正常(≧0.8份)
量少(≦0.5份)

排便方面

□無　□有，排便時間：_____：_____、_____：_____、_____：_____、_____：_____
狀況：□正常 □偏硬 □偏軟□腹瀉 □其他_____

睡眠情形	情緒行為

睡眠時間：_____：_____ ～ _____：_____
□安穩 □普通 □不安穩
□原因_____

□快樂 □不安 □哭鬧 □焦慮
□其他_____
□處理方式_____

健康紀錄

1.用藥時間：
吃藥時間：_____：_____老師簽名：_____
□藥粉□藥水_____cc、_____cc
吃藥時間：_____：_____老師簽名：_____
□藥粉□藥水_____cc、_____cc

2.身體狀況：
□正常 / 體溫：上午_____下午_____
□不適症狀：□發燒_____度 □嘔吐
□咳嗽□流鼻涕□鼻塞□紅疹□疲倦
□其他：_____

托育活動	叮嚀事項

□故事欣賞 □音樂欣賞 □教具操作
□嬰幼兒按摩□戶外散步 □音樂律動
□大肌肉活動□小肌肉活動
□其他活動_____

今日帶回清洗：□衣褲 □寢具
寶寶用品需再添加，請準備物品如下：
□尿布□濕紙巾□衛生紙□紗布巾
□備用衣_____件 /褲(長/短) _____件
□其他_____

親師交流園地

老師的話

親師交流

老師簽名：_____

家長簽名：_____

寶寶生活日記

_____年_____月_____日 星期_____

飲食方面

| 早上餵奶時間：
_____：_____ 奶量_____c.c
中心餵奶時間：
時間_____：_____ 奶量_____c.c
時間_____：_____ 奶量_____c.c
時間_____：_____ 奶量_____c.c
時間_____：_____ 奶量_____c.c | 餐點：
□飯□粥□麵食
□肉類□魚/海鮮
□蔬菜□蛋/豆類
□精緻澱粉類

□副食品：_____ | 食量：
早上□量多□正常□量少
中午□量多□正常□量少
下午□量多□正常□量少
（評量標準：量多(>1份)
正常(≧0.8份)
量少(≦0.5份) |

排便方面

□無　　□有，排便時間：_____：_____、_____：_____、_____：_____、_____：_____
狀況：□正常 □偏硬 □偏軟□腹瀉 □其他_____

睡眠情形 / 情緒行為

睡眠情形	情緒行為
睡眠時間：_____：_____ ～ _____：_____ □安穩 □普通 □不安穩 □原因_____	□快樂 □不安 □哭鬧 □焦慮 □其他_____ □處理方式_____

健康紀錄

| 1.用藥時間：
吃藥時間：_____：_____老師簽名：_____
□藥粉□藥水_____cc、_____cc
吃藥時間：_____：_____老師簽名：_____
□藥粉□藥水_____cc、_____cc | 2.身體狀況：
□正常 / 體溫：上午_____下午_____
□不適症狀：□發燒_____度 □嘔吐
□咳嗽□流鼻涕□鼻塞□紅疹□疲倦
□其他：_____ |

托育活動 / 叮嚀事項

托育活動	叮嚀事項
□故事欣賞 □音樂欣賞□教具操作 □嬰幼兒按摩□戶外散步 □音樂律動 □大肌肉活動□小肌肉活動 □其他活動_____	今日帶回清洗：□衣褲 □寢具 寶寶用品需再添加，請準備物品如下： □尿布□濕紙巾□衛生紙□紗布巾 □備用衣_____件 /褲(長/短)_____件 □其他_____

親師交流園地

老師的話	親師交流
      老師簽名：_____	 家長簽名：_____

寶寶生活日記

_____年_____月_____日 星期_____

飲食方面

早上餵奶時間：
_____：_____ 奶量_____c.c
中心餵奶時間：
時間_____：_____ 奶量_____c.c
時間_____：_____ 奶量_____c.c
時間_____：_____ 奶量_____c.c
時間_____：_____ 奶量_____c.c

餐點：
□飯□粥□麵食
□肉類□魚/海鮮
□蔬菜□蛋/豆類
□精緻澱粉類

□副食品：_____

食量：
早上□量多□正常□量少
中午□量多□正常□量少
下午□量多□正常□量少
（評量標準：量多(>1份)
正常(≧0.8份)
量少(≦0.5份)

排便方面

□無　□有，排便時間：_____：_____、_____：_____、_____：_____、_____：_____
狀況：□正常 □偏硬 □偏軟□腹瀉 □其他_____

睡眠情形 / 情緒行為

睡眠時間：_____：_____ ～ _____：_____
□安穩 □普通 □不安穩
□原因_____

□快樂 □不安 □哭鬧 □焦慮
□其他_____
□處理方式_____

健康紀錄

1.用藥時間：
吃藥時間：_____：_____ 老師簽名：_____
□藥粉□藥水_____cc、_____cc
吃藥時間：_____：_____ 老師簽名：_____
□藥粉□藥水_____cc、_____cc

2.身體狀況：
□正常 / 體溫：上午_____ 下午_____
□不適症狀：□發燒_____度 □嘔吐
□咳嗽□流鼻涕□鼻塞□紅疹□疲倦
□其他：_____

托育活動 / 叮嚀事項

□故事欣賞　□音樂欣賞□教具操作
□嬰幼兒按摩□戶外散步□音樂律動
□大肌肉活動□小肌肉活動
□其他活動_____

今日帶回清洗：□衣褲 □寢具
寶寶用品需再添加，請準備物品如下：
□尿布□濕紙巾□衛生紙□紗布巾
□備用衣_____件 /褲(長/短) _____件
□其他_____

親師交流園地

老師的話

親師交流

老師簽名：_____

家長簽名：_____

寶寶生活日記

_____年_____月_____日 星期_____

飲食方面

早上餵奶時間：
_____：_____奶量_____c.c

中心餵奶時間：
時間_____：_____奶量_____c.c
時間_____：_____奶量_____c.c
時間_____：_____奶量_____c.c
時間_____：_____奶量_____c.c

餐點：
□飯□粥□麵食
□肉類□魚/海鮮
□蔬菜□蛋/豆類
□精緻澱粉類

□副食品：_____

食量：
早上□量多□正常□量少
中午□量多□正常□量少
下午□量多□正常□量少
（評量標準：量多（>1份)
正常（≧0.8份）
量少（≦0.5份）

排便方面

□無　□有，排便時間：_____：_____、_____：_____、_____：_____、_____：_____
狀況：□正常 □偏硬 □偏軟□腹瀉 □其他_____

睡眠情形

睡眠時間：_____：_____ ～ _____：_____
□安穩 □普通 □不安穩
□原因

情緒行為

□快樂 □不安 □哭鬧 □焦慮
□其他_____
□處理方式_____

健康紀錄

1.用藥時間：
吃藥時間：_____：_____老師簽名：_____
□藥粉□藥水_____cc、_____cc
吃藥時間：_____：_____老師簽名：_____
□藥粉□藥水_____cc、_____cc

2.身體狀況：
□正常 / 體溫:上午_____下午_____
□不適症狀：□發燒_____度 □嘔吐
□咳嗽□流鼻涕□鼻塞□紅疹□疲倦
□其他：_____

托育活動

□故事欣賞　□音樂欣賞 □教具操作
□嬰幼兒按摩□戶外散步 □音樂律動
□大肌肉活動□小肌肉活動
□其他活動_____

叮嚀事項

今日帶回清洗：□衣褲 □寢具
寶寶用品需再添加，請準備物品如下：
□尿布□濕紙巾□衛生紙□紗布巾
□備用衣_____件 /褲(長/短) _____件
□其他_____

親師交流園地

老師的話

親師交流

老師簽名：_____

家長簽名：_____

寶寶生活日記

_____年_____月_____日 星期_____

飲食方面

早上餵奶時間：
_____:_____奶量_____c.c
中心餵奶時間：
時間_____:_____奶量_____c.c
時間_____:_____奶量_____c.c
時間_____:_____奶量_____c.c
時間_____:_____奶量_____c.c

餐點：
□飯□粥□麵食
□肉類□魚/海鮮
□蔬菜□蛋/豆類
□精緻澱粉類

□副食品：_____

食量：
早上□量多□正常□量少
中午□量多□正常□量少
下午□量多□正常□量少
（評量標準:量多(>1 份)
正常(≧0.8 份)
量少(≦0.5 份)

排便方面

□無　□有，排便時間：_____:_____、_____:_____、_____:_____、_____:_____
狀況：□正常 □偏硬 □偏軟□腹瀉 □其他_____

睡眠情形

睡眠時間：_____:_____ ～ _____:_____
□安穩 □普通 □不安穩
□原因_____

情緒行為

□快樂 □不安 □哭鬧 □焦慮
□其他_____
□處理方式_____

健康紀錄

1.用藥時間：
吃藥時間：_____:_____老師簽名：_____
□藥粉□藥水_____CC、_____CC
吃藥時間：_____:_____老師簽名：_____
□藥粉□藥水_____CC、_____CC

2.身體狀況：
□正常 / 體溫:上午_____下午_____
□不適症狀:□發燒____度 □嘔吐
□咳嗽□流鼻涕□鼻塞□紅疹□疲倦
□其他：_____

托育活動

□故事欣賞　□音樂欣賞□教具操作
□嬰幼兒按摩□戶外散步□音樂律動
□大肌肉活動□小肌肉活動
□其他活動_____

叮嚀事項

今日帶回清洗：□衣褲 □寢具
寶寶用品需再添加，請準備物品如下：
□尿布□濕紙巾□衛生紙□紗布巾
□備用衣_____件 /褲(長/短) _____件
□其他_____

親師交流園地

老師的話

親師交流

老師簽名：_____

家長簽名：_____

寶寶生活日記

____年____月____日 星期_____

飲食方面		
早上餵奶時間： ____：____奶量_____c.c 中心餵奶時間： 時間____：____奶量____c.c 時間____：____奶量____c.c 時間____：____奶量____c.c 時間____：____奶量____c.c	餐點： □飯□粥□麵食 □肉類□魚/海鮮 □蔬菜□蛋/豆類 □精緻澱粉類 □副食品：_____	食量： 早上□量多□正常□量少 中午□量多□正常□量少 下午□量多□正常□量少 (評量標準:量多(>1份) 正常(≧0.8份) 量少(≦0.5份)

排便方面

□無　□有，排便時間：____：____、____：____、____：____、____：____
狀況：□正常　□偏硬　□偏軟□腹瀉　□其他_____

睡眠情形	情緒行為
睡眠時間：____：____　～　____：____ □安穩　□普通　□不安穩 □原因_____	□快樂　□不安　□哭鬧　□焦慮 □其他_____ □處理方式_____

健康紀錄

1.用藥時間： 吃藥時間：____：____老師簽名：_____ □藥粉□藥水____cc、____cc 吃藥時間：____：____老師簽名：_____ □藥粉□藥水____cc、____cc	2.身體狀況： □正常 / 體溫:上午_____下午_____ □不適症狀：□發燒___度 □嘔吐 □咳嗽□流鼻涕□鼻塞□紅疹□疲倦 □其他：_____

托育活動	叮嚀事項
□故事欣賞　□音樂欣賞□教具操作 □嬰幼兒按摩□戶外散步　□音樂律動 □大肌肉活動□小肌肉活動 □其他活動_____	今日帶回清洗：□衣褲　□寢具 寶寶用品需再添加，請準備物品如下： □尿布□濕紙巾□衛生紙□紗布巾 □備用衣_____件 /褲(長/短)_____件 □其他

親師交流園地

老師的話	親師交流
       老師簽名：_____	 家長簽名：_____

寶寶生活日記

_____年____月____日 星期_____

飲食方面

早上餵奶時間：
____：____ 奶量_____c.c

中心餵奶時間：
時間____：____ 奶量____c.c
時間____：____ 奶量____c.c
時間____：____ 奶量____c.c
時間____：____ 奶量____c.c

餐點：
☐飯☐粥☐麵食
☐肉類☐魚/海鮮
☐蔬菜☐蛋/豆類
☐精緻澱粉類

☐副食品：_____

食量：
早上☐量多☐正常☐量少
中午☐量多☐正常☐量少
下午☐量多☐正常☐量少
（評量標準：量多(>1份)
正常(≧0.8份)
量少(≦0.5份)

排便方面

☐無　☐有，排便時間：____：____、____：____、____：____、____：____
狀況：☐正常 ☐偏硬 ☐偏軟☐腹瀉 ☐其他_____

睡眠情形 / 情緒行為

睡眠情形	情緒行為
睡眠時間：____：____ ～ ____：____	☐快樂 ☐不安 ☐哭鬧 ☐焦慮
☐安穩 ☐普通 ☐不安穩	☐其他_____
☐原因_____	☐處理方式_____

健康紀錄

1.用藥時間：	2.身體狀況：
吃藥時間：____：____ 老師簽名：_____	☐正常 / 體溫：上午_____ 下午_____
☐藥粉☐藥水____cc、____cc	☐不適症狀：☐發燒____度 ☐嘔吐
吃藥時間：____：____ 老師簽名：_____	☐咳嗽☐流鼻涕☐鼻塞☐紅疹☐疲倦
☐藥粉☐藥水____cc、____cc	☐其他：_____

托育活動 / 叮嚀事項

托育活動	叮嚀事項
☐故事欣賞 ☐音樂欣賞 ☐教具操作	今日帶回清洗：☐衣褲 ☐寢具
☐嬰幼兒按摩☐戶外散步 ☐音樂律動	寶寶用品需再添加，請準備物品如下：
☐大肌肉活動☐小肌肉活動	☐尿布☐濕紙巾☐衛生紙☐紗布巾
☐其他活動_____	☐備用衣_____件 /褲(長/短)_____件
	☐其他_____

親師交流園地

老師的話	親師交流
老師簽名：_____	家長簽名：_____

寶寶生活日記

____年____月____日 星期_____

飲食方面

| 早上餵奶時間：
____：____奶量_____c.c
中心餵奶時間：
時間____：____奶量____c.c
時間____：____奶量____c.c
時間____：____奶量____c.c
時間____：____奶量____c.c | 餐點：
□飯□粥□麵食
□肉類□魚/海鮮
□蔬菜□蛋/豆類
□精緻澱粉類

□副食品：_____ | 食量：
早上□量多□正常□量少
中午□量多□正常□量少
下午□量多□正常□量少
（評量標準：量多(>1份)
正常(≧0.8份)
量少(≦0.5份) |

排便方面

□無　□有，排便時間：____：____、____：____、____：____、____：____

狀況：□正常 □偏硬 □偏軟□腹瀉 □其他_____

睡眠情形	情緒行為
睡眠時間：____：____ ～ ____：____ □安穩 □普通 □不安穩 □原因_____	□快樂 □不安 □哭鬧 □焦慮 □其他_____ □處理方式_____

健康紀錄

| 1.用藥時間：
吃藥時間：____：____老師簽名：_____
□藥粉□藥水____CC、____CC
吃藥時間：____：____老師簽名：_____
□藥粉□藥水____CC、____CC | 2.身體狀況：
□正常 / 體溫：上午_____下午_____
□不適症狀：□發燒____度 □嘔吐
□咳嗽□流鼻涕□鼻塞□紅疹□疲倦
□其他：_____ |

托育活動	叮嚀事項
□故事欣賞 □音樂欣賞 □教具操作 □嬰幼兒按摩□戶外散步 □音樂律動 □大肌肉活動□小肌肉活動 □其他活動_____	今日帶回清洗：□衣褲 □寢具 寶寶用品需再添加，請準備物品如下： □尿布□濕紙巾□衛生紙□紗布巾 □備用衣_____件 /褲(長/短) _____件 □其他_____

親師交流園地

老師的話	親師交流
老師簽名：_____	家長簽名：_____

寶寶生活日記

_____年_____月_____日 星期_____

飲食方面

| 早上餵奶時間：
_____：_____奶量_____c.c
中心餵奶時間：
時間_____：_____奶量_____c.c
時間_____：_____奶量_____c.c
時間_____：_____奶量_____c.c
時間_____：_____奶量_____c.c | 餐點：
□飯□粥□麵食
□肉類□魚/海鮮
□蔬菜□蛋/豆類
□精緻澱粉類

□副食品：_____ | 食量：
早上□量多□正常□量少
中午□量多□正常□量少
下午□量多□正常□量少
（評量標準:量多(>1份)
正常(≧0.8份)
量少(≦0.5份) |

排便方面

□無　□有，排便時間：_____：_____、_____：_____、_____：_____、_____：_____
狀況：□正常　□偏硬　□偏軟□腹瀉　□其他_____

睡眠情形	情緒行為
睡眠時間：_____：_____ ～ _____：_____ □安穩 □普通 □不安穩 □原因_____	□快樂 □不安 □哭鬧 □焦慮 □其他_____ □處理方式_____

健康紀錄

| 1.用藥時間：
吃藥時間：_____：_____老師簽名：_____
□藥粉□藥水_____cc、_____cc
吃藥時間：_____：_____老師簽名：_____
□藥粉□藥水_____cc、_____cc | 2.身體狀況：
□正常 / 體溫:上午_____下午_____
□不適症狀：□發燒_____度 □嘔吐
□咳嗽□流鼻涕□鼻塞□紅疹□疲倦
□其他：_____ |

托育活動	叮嚀事項
□故事欣賞　□音樂欣賞　□教具操作 □嬰幼兒按摩□戶外散步　□音樂律動 □大肌肉活動□小肌肉活動 □其他活動_____	今日帶回清洗：□衣褲 □寢具 寶寶用品需再添加，請準備物品如下： □尿布□濕紙巾□衛生紙□紗布巾 □備用衣_____件 /褲(長/短) _____件 □其他_____

親師交流園地

老師的話	親師交流
       老師簽名：_____	 家長簽名：_____

寶寶生活日記

_____年_____月_____日 星期_____

飲食方面

早上餵奶時間： _____：_____奶量_____c.c 中心餵奶時間： 時間_____：_____奶量_____c.c 時間_____：_____奶量_____c.c 時間_____：_____奶量_____c.c 時間_____：_____奶量_____c.c	餐點： □飯□粥□麵食 □肉類□魚/海鮮 □蔬菜□蛋/豆類 □精緻澱粉類 □副食品：_____	食量： 早上□量多□正常□量少 中午□量多□正常□量少 下午□量多□正常□量少 (評量標準：量多(>1份) 正常(≧0.8份) 量少(≦0.5份)

排便方面

□無　□有，排便時間：_____：_____、_____：_____、_____：_____、_____：_____
狀況：□正常 □偏硬 □偏軟□腹瀉 □其他_____

睡眠情形	情緒行為
睡眠時間：_____：_____ ～ _____：_____ □安穩 □普通 □不安穩 □原因_____	□快樂 □不安 □哭鬧 □焦慮 □其他_____ □處理方式_____

健康紀錄

1.用藥時間： 吃藥時間：_____：_____老師簽名：_____ □藥粉□藥水_____cc、_____cc 吃藥時間：_____：_____老師簽名：_____ □藥粉□藥水_____cc、_____cc	2.身體狀況： □正常 / 體溫：上午_____下午_____ □不適症狀：□發燒___度 □嘔吐 □咳嗽□流鼻涕□鼻塞□紅疹□疲倦 □其他：_____

托育活動	叮嚀事項
□故事欣賞 □音樂欣賞 □教具操作 □嬰幼兒按摩□戶外散步 □音樂律動 □大肌肉活動□小肌肉活動 □其他活動_____	今日帶回清洗：□衣褲 □寢具 寶寶用品需再添加，請準備物品如下： □尿布□濕紙巾□衛生紙□紗布巾 □備用衣_____件 /褲(長/短) _____件 □其他_____

親師交流園地

老師的話 老師簽名：_____	親師交流 家長簽名：_____

寶寶生活日記

_____年_____月_____日 星期_____

飲食方面

早上餵奶時間：
_____：_____奶量_____c.c

中心餵奶時間：
時間_____：_____奶量_____c.c
時間_____：_____奶量_____c.c
時間_____：_____奶量_____c.c
時間_____：_____奶量_____c.c

餐點：
□飯□粥□麵食
□肉類□魚/海鮮
□蔬菜□蛋/豆類
□精緻澱粉類

□副食品：_____

食量：
早上□量多□正常□量少
中午□量多□正常□量少
下午□量多□正常□量少
（評量標準：量多(>1份)
正常(≧0.8份)
量少(≦0.5份)

排便方面

□無　□有，排便時間：_____：_____、_____：_____、_____：_____、_____：_____
狀況：□正常 □偏硬 □偏軟□腹瀉 □其他_____

睡眠情形

睡眠時間：_____：_____ ～ _____：_____
□安穩 □普通 □不安穩
□原因_____

情緒行為

□快樂 □不安 □哭鬧 □焦慮
□其他_____
□處理方式_____

健康紀錄

1.用藥時間：
吃藥時間：_____：_____老師簽名：_____
□藥粉□藥水_____cc、_____cc
吃藥時間：_____：_____老師簽名：_____
□藥粉□藥水_____cc、_____cc

2.身體狀況：
□正常 / 體溫:上午_____下午_____
□不適症狀：□發燒___度 □嘔吐
□咳嗽□流鼻涕□鼻塞□紅疹□疲倦
□其他：_____

托育活動

□故事欣賞 　□音樂欣賞 □教具操作
□嬰幼兒按摩□戶外散步 □音樂律動
□大肌肉活動□小肌肉活動
□其他活動_____

叮嚀事項

今日帶回清洗：□衣褲 □寢具
寶寶用品需再添加，請準備物品如下：
□尿布□濕紙巾□衛生紙□紗布巾
□備用衣_____件 /褲(長/短) _____件
□其他_____

親師交流園地

老師的話

親師交流

老師簽名：_____　　　　家長簽名：_____

寶寶生活日記

____年____月____日 星期_____

飲食方面

| 早上餵奶時間：
____：____奶量_____c.c
中心餵奶時間：
時間____：____奶量____c.c
時間____：____奶量____c.c
時間____：____奶量____c.c
時間____：____奶量____c.c | 餐點：
☐飯☐粥☐麵食
☐肉類☐魚/海鮮
☐蔬菜☐蛋/豆類
☐精緻澱粉類

☐副食品：_____ | 食量：
早上☐量多☐正常☐量少
中午☐量多☐正常☐量少
下午☐量多☐正常☐量少
（評量標準：量多(>1份)
正常(≧0.8份)
量少(≦0.5份) |

排便方面

☐無　☐有，排便時間：____：____、____：____、____：____、____：____
狀況：☐正常　☐偏硬　☐偏軟☐腹瀉　☐其他_____

睡眠情形	情緒行為
睡眠時間：____：____ ～ ____：____ ☐安穩　☐普通　☐不安穩 ☐原因_____	☐快樂　☐不安　☐哭鬧　☐焦慮 ☐其他_____ ☐處理方式_____

健康紀錄

| 1.用藥時間：
吃藥時間：____：____老師簽名：_____
☐藥粉☐藥水____cc、____cc
吃藥時間：____：____老師簽名：_____
☐藥粉☐藥水____cc、____cc | 2.身體狀況：
☐正常 / 體溫:上午_____下午_____
☐不適症狀：☐發燒____度　☐嘔吐
☐咳嗽☐流鼻涕☐鼻塞☐紅疹☐疲倦
☐其他：_____ |

托育活動	叮嚀事項
☐故事欣賞　☐音樂欣賞☐教具操作 ☐嬰幼兒按摩☐戶外散步☐音樂律動 ☐大肌肉活動☐小肌肉活動 ☐其他活動_____	今日帶回清洗：☐衣褲　☐寢具 寶寶用品需再添加，請準備物品如下： ☐尿布☐濕紙巾☐衛生紙☐紗布巾 ☐備用衣_____件 /褲(長/短)_____件 ☐其他_____

親師交流園地

老師的話	親師交流
        老師簽名：_____	 家長簽名：_____

寶寶生活日記

_____年_____月_____日 星期_____

飲食方面

| 早上餵奶時間：
_____：_____奶量_____c.c
中心餵奶時間：
時間_____：_____奶量_____c.c
時間_____：_____奶量_____c.c
時間_____：_____奶量_____c.c
時間_____：_____奶量_____c.c | 餐點：
□飯□粥□麵食
□肉類□魚/海鮮
□蔬菜□蛋/豆類
□精緻澱粉類

□副食品：_____ | 食量：
早上□量多□正常□量少
中午□量多□正常□量少
下午□量多□正常□量少
(評量標準：量多(>1份)
正常(≧0.8份)
量少(≦0.5份) |

排便方面

□無　□有，排便時間：_____：_____、_____：_____、_____：_____、_____：_____

狀況：□正常 □偏硬 □偏軟□腹瀉 □其他_____

睡眠情形	情緒行為
睡眠時間：_____：_____ ～ _____：_____ □安穩 □普通 □不安穩 □原因_____	□快樂 □不安 □哭鬧 □焦慮 □其他_____ □處理方式_____

健康紀錄

| 1.用藥時間：
吃藥時間：_____：_____老師簽名：_____
□藥粉□藥水_____cc、_____cc
吃藥時間：_____：_____老師簽名：_____
□藥粉□藥水_____cc、_____cc | 2.身體狀況：
□正常 / 體溫:上午_____下午_____
□不適症狀：□發燒___度 □嘔吐
□咳嗽□流鼻涕□鼻塞□紅疹□疲倦
□其他：_____ |

托育活動	叮嚀事項
□故事欣賞　□音樂欣賞 □教具操作 □嬰幼兒按摩□戶外散步 □音樂律動 □大肌肉活動□小肌肉活動 □其他活動_____	今日帶回清洗：□衣褲 □寢具 寶寶用品需再添加，請準備物品如下： □尿布□濕紙巾□衛生紙□紗布巾 □備用衣_____件 /褲(長/短) _____件 □其他_____

親師交流園地

老師的話	親師交流
老師簽名：_____	家長簽名：_____

寶寶生活日記

____年____月____日 星期_____

飲食方面

早上餵奶時間：	餐點：	食量：
____：____奶量_____c.c	□飯□粥□麵食	早上□量多□正常□量少
中心餵奶時間：	□肉類□魚/海鮮	中午□量多□正常□量少
時間____：____奶量____c.c	□蔬菜□蛋/豆類	下午□量多□正常□量少
時間____：____奶量____c.c	□精緻澱粉類	（評量標準:量多(>1份)
時間____：____奶量____c.c		正常(≧0.8份)
時間____：____奶量____c.c	□副食品：_____	量少(≦0.5份)

排便方面

□無　□有，排便時間：____：____、____：____、____：____、____：____

狀況：□正常 □偏硬 □偏軟□腹瀉 □其他_____

睡眠情形	情緒行為
睡眠時間：____：____ ～ ____：____	□快樂 □不安 □哭鬧 □焦慮
□安穩 □普通 □不安穩	□其他_____
□原因_____	□處理方式_____

健康紀錄

1.用藥時間：	2.身體狀況：
吃藥時間：____：____老師簽名：_____	□正常 / 體溫:上午_____下午_____
□藥粉□藥水____cc、____cc	□不適症狀：□發燒___度 □嘔吐
吃藥時間：____：____老師簽名：_____	□咳嗽□流鼻涕□鼻塞□紅疹□疲倦
□藥粉□藥水____cc、____cc	□其他：_____

托育活動	叮嚀事項
□故事欣賞 □音樂欣賞 □教具操作	今日帶回清洗：□衣褲 □寢具
□嬰幼兒按摩□戶外散步 □音樂律動	寶寶用品需再添加，請準備物品如下：
□大肌肉活動□小肌肉活動	□尿布□濕紙巾□衛生紙□紗布巾
□其他活動_____	□備用衣_____件 /褲(長/短)_____件
	□其他_____

親師交流園地

老師的話	親師交流

老師簽名：_____　　　　家長簽名：_____

寶寶生活日記

_____年_____月_____日 星期_____

飲食方面

| 早上餵奶時間：
_____：_____奶量_____c.c
中心餵奶時間：
時間_____：_____奶量_____c.c
時間_____：_____奶量_____c.c
時間_____：_____奶量_____c.c
時間_____：_____奶量_____c.c | 餐點：
□飯□粥□麵食
□肉類□魚/海鮮
□蔬菜□蛋/豆類
□精緻澱粉類

□副食品：_____ | 食量：
早上□量多□正常□量少
中午□量多□正常□量少
下午□量多□正常□量少
(評量標準:量多(>1份)
正常(≧0.8份)
量少(≦0.5份) |

排便方面

□無　□有，排便時間：_____：_____、_____：_____、_____：_____、_____：_____
狀況：□正常 □偏硬 □偏軟□腹瀉 □其他_____

睡眠情形	情緒行為
睡眠時間：_____：_____ ～ _____：_____ □安穩 □普通 □不安穩 □原因_____	□快樂 □不安 □哭鬧 □焦慮 □其他_____ □處理方式_____

健康紀錄

1.用藥時間： 吃藥時間：_____：_____老師簽名：_____ □藥粉□藥水_____CC、_____CC 吃藥時間：_____：_____老師簽名：_____ □藥粉□藥水_____CC、_____CC	2.身體狀況： □正常 / 體溫:上午_____下午_____ □不適症狀:□發燒_____度 □嘔吐 □咳嗽□流鼻涕□鼻塞□紅疹□疲倦 □其他：_____

托育活動	叮嚀事項
□故事欣賞　□音樂欣賞□教具操作 □嬰幼兒按摩□戶外散步□音樂律動 □大肌肉活動□小肌肉活動 □其他活動_____	今日帶回清洗:□衣褲 □寢具 寶寶用品需再添加，請準備物品如下： □尿布□濕紙巾□衛生紙□紗布巾 □備用衣_____件 /褲(長/短) _____件 □其他_____

親師交流園地

老師的話	親師交流
        老師簽名：_____	 家長簽名：_____

寶寶生活日記

_____年_____月_____日 星期_____

飲食方面		
早上餵奶時間： _____：_____奶量_____c.c 中心餵奶時間： 時間____：____奶量____c.c 時間____：____奶量____c.c 時間____：____奶量____c.c 時間____：____奶量____c.c	餐點： □飯□粥□麵食 □肉類□魚/海鮮 □蔬菜□蛋/豆類 □精緻澱粉類 □副食品：_____	食量： 早上□量多□正常□量少 中午□量多□正常□量少 下午□量多□正常□量少 (評量標準：量多(>1份) 正常(≧0.8份) 量少(≦0.5份)

排便方面

□無　□有，排便時間：_____：_____、_____：_____、_____：_____、_____：_____
狀況：□正常　□偏硬　□偏軟□腹瀉　□其他_____

睡眠情形	情緒行為
睡眠時間：____：____ ～ ____：____ □安穩□普通□不安穩 □原因_____	□快樂　□不安　□哭鬧　□焦慮 □其他_____ □處理方式_____

健康紀錄

1.用藥時間： 吃藥時間：_____：_____老師簽名：_____ □藥粉□藥水____cc、____cc 吃藥時間：_____：_____老師簽名：_____ □藥粉□藥水____cc、____cc	2.身體狀況： □正常 / 體溫：上午_____下午_____ □不適症狀：□發燒____度 □嘔吐 □咳嗽□流鼻涕□鼻塞□紅疹□疲倦 □其他：_____

托育活動	叮嚀事項
□故事欣賞　□音樂欣賞□教具操作 □嬰幼兒按摩□戶外散步　□音樂律動 □大肌肉活動□小肌肉活動 □其他活動_____	今日帶回清洗：□衣褲　□寢具 寶寶用品需再添加，請準備物品如下： □尿布□濕紙巾□衛生紙□紗布巾 □備用衣_____件 /褲(長/短)_____件 □其他

親師交流園地

老師的話	親師交流
         老師簽名：_____	 家長簽名：_____

寶寶生活日記

____年____月____日 星期_____

飲食方面

早上餵奶時間：
____：____奶量_____c.c

中心餵奶時間：

時間____：____奶量____c.c

時間____：____奶量____c.c

時間____：____奶量____c.c

時間____：____奶量____c.c

餐點：
☐飯☐粥☐麵食
☐肉類☐魚/海鮮
☐蔬菜☐蛋/豆類
☐精緻澱粉類

☐副食品：_____

食量：

早上☐量多☐正常☐量少

中午☐量多☐正常☐量少

下午☐量多☐正常☐量少

（評量標準：量多(>1份)

正常(≧0.8份)

量少(≦0.5份)

排便方面

☐無　☐有，排便時間：____：____、____：____、____：____、____：____

狀況：☐正常 ☐偏硬 ☐偏軟☐腹瀉 ☐其他_____

睡眠情形

睡眠時間：____：____ ～ ____：____

☐安穩 ☐普通 ☐不安穩

☐原因_____

情緒行為

☐快樂 ☐不安 ☐哭鬧 ☐焦慮

☐其他_____

☐處理方式_____

健康紀錄

1.用藥時間：

吃藥時間：____：____老師簽名：_____

☐藥粉☐藥水____cc、____cc

吃藥時間：____：____老師簽名：_____

☐藥粉☐藥水____cc、____cc

2.身體狀況：

☐正常 / 體溫:上午_____下午_____

☐不適症狀：☐發燒___度 ☐嘔吐

☐咳嗽☐流鼻涕☐鼻塞☐紅疹☐疲倦

☐其他：_____

托育活動

☐故事欣賞　☐音樂欣賞☐教具操作

☐嬰幼兒按摩☐戶外散步☐音樂律動

☐大肌肉活動☐小肌肉活動

☐其他活動_____

叮嚀事項

今日帶回清洗：☐衣褲 ☐寢具

寶寶用品需再添加，請準備物品如下：

☐尿布☐濕紙巾☐衛生紙☐紗布巾

☐備用衣_____件 /褲(長/短)_____件

☐其他_____

親師交流園地

老師的話

親師交流

老師簽名：_____

家長簽名：_____

寶寶生活日記

_____年_____月_____日 星期_____

飲食方面

早上餵奶時間： _____：_____奶量_____c.c 中心餵奶時間： 時間____：____奶量____c.c 時間____：____奶量____c.c 時間____：____奶量____c.c 時間____：____奶量____c.c	餐點： □飯□粥□麵食 □肉類□魚/海鮮 □蔬菜□蛋/豆類 □精緻澱粉類 □副食品：_____	食量： 早上□量多□正常□量少 中午□量多□正常□量少 下午□量多□正常□量少 （評量標準：量多(>1份) 正常(≧0.8份) 量少(≦0.5份)

排便方面

□無　□有，排便時間：_____：_____、_____：_____、_____：_____、_____：_____
狀況：□正常　□偏硬　□偏軟□腹瀉　□其他_____

睡眠情形	情緒行為
睡眠時間：____：____ ～ ____：____ □安穩　□普通　□不安穩 □原因_____	□快樂　□不安　□哭鬧　□焦慮 □其他_____ □處理方式_____

健康紀錄

1.用藥時間： 吃藥時間：____：____老師簽名：_____ □藥粉□藥水____cc、____cc 吃藥時間：____：____老師簽名：_____ □藥粉□藥水____cc、____cc	2.身體狀況： □正常　/　體溫:上午_____下午_____ □不適症狀：□發燒___度　□嘔吐 □咳嗽□流鼻涕□鼻塞□紅疹□疲倦 □其他：_____

托育活動	叮嚀事項
□故事欣賞　□音樂欣賞　□教具操作 □嬰幼兒按摩□戶外散步　□音樂律動 □大肌肉活動□小肌肉活動 □其他活動_____	今日帶回清洗：□衣褲　□寢具 寶寶用品需再添加，請準備物品如下： □尿布□濕紙巾□衛生紙□紗布巾 □備用衣_____件 /褲(長/短) _____件 □其他_____

親師交流園地

老師的話	親師交流
老師簽名：_____	家長簽名：_____

寶寶生活日記

_____年_____月_____日 星期_____

飲食方面

早上餵奶時間：
_____：_____奶量_____c.c
中心餵奶時間：
時間_____：_____奶量_____c.c
時間_____：_____奶量_____c.c
時間_____：_____奶量_____c.c
時間_____：_____奶量_____c.c

餐點：
□飯□粥□麵食
□肉類□魚/海鮮
□蔬菜□蛋/豆類
□精緻澱粉類

□副食品：_____

食量：
早上□量多□正常□量少
中午□量多□正常□量少
下午□量多□正常□量少
（評量標準:量多(>1 份)
正常(≧0.8 份)
量少(≦0.5 份)

排便方面

□無　□有，排便時間：_____：_____、_____：_____、_____：_____、_____：_____
狀況：□正常 □偏硬 □偏軟□腹瀉 □其他_____

睡眠情形	情緒行為
睡眠時間：_____：_____ ～ _____：_____ □安穩 □普通 □不安穩 □原因_____	□快樂 □不安 □哭鬧 □焦慮 □其他_____ □處理方式_____

健康紀錄

1.用藥時間：
吃藥時間：_____：_____老師簽名：_____
□藥粉□藥水_____CC、_____CC
吃藥時間：_____：_____老師簽名：_____
□藥粉□藥水_____CC、_____CC

2.身體狀況：
□正常 ／ 體溫:上午_____下午_____
□不適症狀:□發燒_____度 □嘔吐
□咳嗽□流鼻涕□鼻塞□紅疹□疲倦
□其他：_____

托育活動	叮嚀事項
□故事欣賞　□音樂欣賞□教具操作 □嬰幼兒按摩□戶外散步 □音樂律動 □大肌肉活動□小肌肉活動 □其他活動_____	今日帶回清洗：□衣褲 □寢具 寶寶用品需再添加，請準備物品如下： □尿布□濕紙巾□衛生紙□紗布巾 □備用衣_____件 ／褲(長/短) _____件 □其他_____

親師交流園地

老師的話	親師交流

老師簽名：_____　　　　　　家長簽名：_____

寶寶生活日記

____年____月____日 星期_____

飲食方面

早上餵奶時間：
____：____ 奶量_____c.c

中心餵奶時間：

時間____：____ 奶量____c.c

時間____：____ 奶量____c.c

時間____：____ 奶量____c.c

時間____：____ 奶量____c.c

餐點：
☐飯☐粥☐麵食
☐肉類☐魚/海鮮
☐蔬菜☐蛋/豆類
☐精緻澱粉類

☐副食品：_____

食量：
早上☐量多☐正常☐量少
中午☐量多☐正常☐量少
下午☐量多☐正常☐量少
（評量標準：量多(>1份)
正常(≧0.8份)
量少(≦0.5份)

排便方面

☐無　☐有，排便時間：____：____、____：____、____：____、____：____

狀況：☐正常 ☐偏硬 ☐偏軟☐腹瀉 ☐其他_____

睡眠情形

睡眠時間：____：____ ～ ____：____

☐安穩 ☐普通 ☐不安穩

☐原因_____

情緒行為

☐快樂 ☐不安 ☐哭鬧 ☐焦慮

☐其他_____

☐處理方式_____

健康紀錄

1.用藥時間：

吃藥時間：____：____老師簽名：_____

☐藥粉☐藥水____cc、____cc

吃藥時間：____：____老師簽名：_____

☐藥粉☐藥水____cc、____cc

2.身體狀況：

☐正常 / 體溫:上午_____下午_____

☐不適症狀：☐發燒___度 ☐嘔吐

☐咳嗽☐流鼻涕☐鼻塞☐紅疹☐疲倦

☐其他：_____

托育活動

☐故事欣賞　☐音樂欣賞 ☐教具操作
☐嬰幼兒按摩☐戶外散步 ☐音樂律動
☐大肌肉活動☐小肌肉活動
☐其他活動_____

叮嚀事項

今日帶回清洗：☐衣褲 ☐寢具
寶寶用品需再添加，請準備物品如下：
☐尿布☐濕紙巾☐衛生紙☐紗布巾
☐備用衣_____件 /褲(長/短) _____件
☐其他_____

親師交流園地

老師的話

親師交流

老師簽名：_____

家長簽名：_____

寶寶生活日記

____年____月____日 星期_____

飲食方面

早上餵奶時間：
____：____奶量_____c.c
中心餵奶時間：
時間____：____奶量____c.c
時間____：____奶量____c.c
時間____：____奶量____c.c
時間____：____奶量____c.c

餐點：
□飯□粥□麵食
□肉類□魚/海鮮
□蔬菜□蛋/豆類
□精緻澱粉類

□副食品：_____

食量：
早上□量多□正常□量少
中午□量多□正常□量少
下午□量多□正常□量少
（評量標準：量多(>1份)
正常(≧0.8份)
量少(≦0.5份)

排便方面

□無　□有，排便時間：____：____、____：____、____：____、____：____
狀況：□正常　□偏硬　□偏軟□腹瀉　□其他_____

睡眠情形	情緒行為

睡眠時間：____：____ ～ ____：____
□安穩　□普通　□不安穩
□原因_____

□快樂　□不安　□哭鬧　□焦慮
□其他_____
□處理方式_____

健康紀錄

1.用藥時間：
吃藥時間：____：____老師簽名：_____
□藥粉□藥水____CC、____CC
吃藥時間：____：____老師簽名：_____
□藥粉□藥水____CC、____CC

2.身體狀況：
□正常 / 體溫：上午_____下午_____
□不適症狀：□發燒____度 □嘔吐
□咳嗽□流鼻涕□鼻塞□紅疹□疲倦
□其他：_____

托育活動	叮嚀事項

□故事欣賞　□音樂欣賞□教具操作
□嬰幼兒按摩□戶外散步□音樂律動
□大肌肉活動□小肌肉活動
□其他活動_____

今日帶回清洗：□衣褲 □寢具
寶寶用品需再添加，請準備物品如下：
□尿布□濕紙巾□衛生紙□紗布巾
□備用衣_____件 /褲(長/短) _____件
□其他_____

親師交流園地

老師的話

親師交流

老師簽名：_____

家長簽名：_____

寶寶生活日記

____年____月____日 星期_____

飲食方面		
早上餵奶時間： _____ ： _____ 奶量_____c.c 中心餵奶時間： 時間___：___ 奶量____c.c 時間___：___ 奶量____c.c 時間___：___ 奶量____c.c 時間___：___ 奶量____c.c	餐點： ☐飯☐粥☐麵食 ☐肉類☐魚/海鮮 ☐蔬菜☐蛋/豆類 ☐精緻澱粉類 ☐副食品：_____	食量： 早上☐量多☐正常☐量少 中午☐量多☐正常☐量少 下午☐量多☐正常☐量少 (評量標準：量多(>1份) 正常(≧0.8份) 量少(≦0.5份)

排便方面

☐無　☐有，排便時間：_____：_____、_____：_____、_____：_____、_____：_____
狀況：☐正常 ☐偏硬 ☐偏軟☐腹瀉 ☐其他_____

睡眠情形	情緒行為
睡眠時間：____：____ ～ ____：____ ☐安穩 ☐普通 ☐不安穩 ☐原因_____	☐快樂 ☐不安 ☐哭鬧 ☐焦慮 ☐其他_____ ☐處理方式_____

健康紀錄

1.用藥時間： 吃藥時間：____：____ 老師簽名：_____ ☐藥粉☐藥水____cc、____cc 吃藥時間：____：____ 老師簽名：_____ ☐藥粉☐藥水____cc、____cc	2.身體狀況： ☐正常 / 體溫：上午_____下午_____ ☐不適症狀：☐發燒___度 ☐嘔吐 ☐咳嗽☐流鼻涕☐鼻塞☐紅疹☐疲倦 ☐其他：_____

托育活動	叮嚀事項
☐故事欣賞　☐音樂欣賞☐教具操作 ☐嬰幼兒按摩☐戶外散步☐音樂律動 ☐大肌肉活動☐小肌肉活動 ☐其他活動_____	今日帶回清洗：☐衣褲 ☐寢具 寶寶用品需再添加，請準備物品如下： ☐尿布☐濕紙巾☐衛生紙☐紗布巾 ☐備用衣_____件 /褲(長/短)_____件 ☐其他_____

親師交流園地

老師的話	親師交流
         老師簽名：_____	 家長簽名：_____

寶寶生活日記

_____年_____月_____日 星期_____

飲食方面

| 早上餵奶時間：
_____：_____奶量_____c.c
中心餵奶時間：
時間_____：_____奶量_____c.c
時間_____：_____奶量_____c.c
時間_____：_____奶量_____c.c
時間_____：_____奶量_____c.c | 餐點：
□飯□粥□麵食
□肉類□魚/海鮮
□蔬菜□蛋/豆類
□精緻澱粉類

□副食品：_____ | 食量：
早上□量多□正常□量少
中午□量多□正常□量少
下午□量多□正常□量少
（評量標準：量多（>1份）
正常（≧0.8份）
量少（≦0.5份） |

排便方面

□無　□有，排便時間：_____：_____、_____：_____、_____：_____、_____：_____
狀況：□正常 □偏硬 □偏軟□腹瀉 □其他_____

睡眠情形	情緒行為
睡眠時間：_____：_____ ～ _____：_____ □安穩 □普通 □不安穩 □原因_____	□快樂 □不安 □哭鬧 □焦慮 □其他_____ □處理方式_____

健康紀錄

| 1.用藥時間：
吃藥時間：_____：_____老師簽名：_____
□藥粉□藥水_____cc、_____cc
吃藥時間：_____：_____老師簽名：_____
□藥粉□藥水_____cc、_____cc | 2.身體狀況：
□正常 / 體溫：上午_____下午_____
□不適症狀：□發燒___度 □嘔吐
□咳嗽□流鼻涕□鼻塞□紅疹□疲倦
□其他：_____ |

托育活動	叮嚀事項
□故事欣賞 □音樂欣賞 □教具操作 □嬰幼兒按摩□戶外散步 □音樂律動 □大肌肉活動□小肌肉活動 □其他活動_____	今日帶回清洗：□衣褲 □寢具 寶寶用品需再添加，請準備物品如下： □尿布 □濕紙巾□衛生紙□紗布巾 □備用衣_____件 /褲(長/短) _____件 □其他_____

親師交流園地

老師的話	親師交流
        老師簽名：_____	 家長簽名：_____

寶寶生活日記

_____年____月____日 星期_____

飲食方面

| 早上餵奶時間：
_____：_____奶量_____c.c
中心餵奶時間：
時間____：____奶量____c.c
時間____：____奶量____c.c
時間____：____奶量____c.c
時間____：____奶量____c.c | 餐點：
□飯□粥□麵食
□肉類□魚/海鮮
□蔬菜□蛋/豆類
□精緻澱粉類

□副食品：_____ | 食量：
早上□量多□正常□量少
中午□量多□正常□量少
下午□量多□正常□量少
(評量標準：量多(>1 份)
正常(≧0.8 份)
量少(≦0.5 份) |

排便方面

□無　□有，排便時間：_____：_____、_____：_____、_____：_____、_____：_____
狀況：□正常　□偏硬　□偏軟□腹瀉　□其他_____

睡眠情形	情緒行為
睡眠時間：____：____ ～ ____：____ □安穩　□普通　□不安穩 □原因_____	□快樂 □不安 □哭鬧 □焦慮 □其他_____ □處理方式_____

健康紀錄

| 1.用藥時間：
吃藥時間：____：____老師簽名：_____
□藥粉□藥水____cc、____cc
吃藥時間：____：____老師簽名：_____
□藥粉□藥水____cc、____cc | 2.身體狀況：
□正常 / 體溫:上午_____下午_____
□不適症狀：□發燒___度 □嘔吐
□咳嗽□流鼻涕□鼻塞□紅疹□疲倦
□其他：_____ |

托育活動	叮嚀事項
□故事欣賞　□音樂欣賞　□教具操作 □嬰幼兒按摩□戶外散步　□音樂律動 □大肌肉活動□小肌肉活動 □其他活動_____	今日帶回清洗：□衣褲 □寢具 寶寶用品需再添加，請準備物品如下： □尿布□濕紙巾□衛生紙□紗布巾 □備用衣_____件 /褲(長/短) _____件 □其他_____

親師交流園地

老師的話	親師交流
       老師簽名：_____	 家長簽名：_____

寶寶生活日記

____年____月____日 星期_____

飲食方面

早上餵奶時間：	餐點：	食量：
____：____奶量_____c.c	□飯□粥□麵食	早上□量多□正常□量少
中心餵奶時間：	□肉類□魚/海鮮	中午□量多□正常□量少
時間____：____奶量____c.c	□蔬菜□蛋/豆類	下午□量多□正常□量少
時間____：____奶量____c.c	□精緻澱粉類	(評量標準:量多(>1份)
時間____：____奶量____c.c		正常(≧0.8份)
時間____：____奶量____c.c	□副食品：_____	量少(≦0.5份)

排便方面

□無　□有，排便時間：_____：_____、_____：_____、_____：_____、_____：_____
狀況：□正常 □偏硬 □偏軟□腹瀉 □其他_____

睡眠情形	情緒行為
睡眠時間：____：____ ～ ____：____	□快樂 □不安 □哭鬧 □焦慮
□安穩 □普通 □不安穩	□其他_____
□原因_____	□處理方式_____

健康紀錄

1.用藥時間：	2.身體狀況：
吃藥時間：____：____老師簽名：_____	□正常 / 體溫:上午_____下午_____
□藥粉□藥水____cc、____cc	□不適症狀：□發燒___度 □嘔吐
吃藥時間：____：____老師簽名：_____	□咳嗽□流鼻涕□鼻塞□紅疹□疲倦
□藥粉□藥水____cc、____cc	□其他：_____

托育活動	叮嚀事項
□故事欣賞 □音樂欣賞 □教具操作	今日帶回清洗：□衣褲 □寢具
□嬰幼兒按摩□戶外散步 □音樂律動	寶寶用品需再添加，請準備物品如下：
□大肌肉活動□小肌肉活動	□尿布□濕紙巾□衛生紙□紗布巾
□其他活動_____	□備用衣_____件 /褲(長/短)_____件
	□其他_____

親師交流園地

老師的話	親師交流
老師簽名：_____	家長簽名：_____

寶寶生活日記

____年____月____日 星期_____

飲食方面

早上餵奶時間： ____：____ 奶量_____c.c 中心餵奶時間： 時間____：____ 奶量____c.c 時間____：____ 奶量____c.c 時間____：____ 奶量____c.c 時間____：____ 奶量____c.c	餐點： □飯□粥□麵食 □肉類□魚/海鮮 □蔬菜□蛋/豆類 □精緻澱粉類 □副食品：_____	食量： 早上□量多□正常□量少 中午□量多□正常□量少 下午□量多□正常□量少 (評量標準：量多(>1份) 正常(≧0.8份) 量少(≦0.5份)

排便方面

□無　□有，排便時間：____：____、____：____、____：____、____：____
狀況：□正常□偏硬□偏軟□腹瀉□其他_____

睡眠情形 / 情緒行為

睡眠情形	情緒行為
睡眠時間：____：____ ～ ____：____ □安穩□普通□不安穩 □原因_____	□快樂□不安□哭鬧□焦慮 □其他_____ □處理方式_____

健康紀錄

1.用藥時間： 吃藥時間：____：____ 老師簽名：_____ □藥粉□藥水____cc、____cc 吃藥時間：____：____ 老師簽名：_____ □藥粉□藥水____cc、____cc	2.身體狀況： □正常 / 體溫：上午_____下午_____ □不適症狀：□發燒____度 □嘔吐 □咳嗽□流鼻涕□鼻塞□紅疹□疲倦 □其他：_____

托育活動 / 叮嚀事項

托育活動	叮嚀事項
□故事欣賞　□音樂欣賞　□教具操作 □嬰幼兒按摩□戶外散步　□音樂律動 □大肌肉活動□小肌肉活動 □其他活動_____	今日帶回清洗：□衣褲 □寢具 寶寶用品需再添加，請準備物品如下： □尿布□濕紙巾□衛生紙□紗布巾 □備用衣_____件 /褲(長/短) _____件 □其他_____

親師交流園地

老師的話	親師交流
       老師簽名：_____	 家長簽名：_____

寶寶生活日記

_____年____月____日 星期_____

飲食方面

早上餵奶時間：
____：____ 奶量_____c.c

中心餵奶時間：
時間____：____ 奶量____c.c
時間____：____ 奶量____c.c
時間____：____ 奶量____c.c
時間____：____ 奶量____c.c

餐點：
☐飯☐粥☐麵食
☐肉類☐魚/海鮮
☐蔬菜☐蛋/豆類
☐精緻澱粉類

☐副食品：_____

食量：
早上☐量多☐正常☐量少
中午☐量多☐正常☐量少
下午☐量多☐正常☐量少
（評量標準：量多(>1 份)
正常(≧0.8 份)
量少(≦0.5 份)

排便方面

☐無 ☐有，排便時間：____：____、____：____、____：____、____：____
狀況：☐正常 ☐偏硬 ☐偏軟☐腹瀉 ☐其他_____

睡眠情形

睡眠時間：____：____ ～ ____：____
☐安穩 ☐普通 ☐不安穩
☐原因_____

情緒行為

☐快樂 ☐不安 ☐哭鬧 ☐焦慮
☐其他_____
☐處理方式_____

健康紀錄

1.用藥時間：
吃藥時間：____：____ 老師簽名：_____
☐藥粉☐藥水____cc、____cc
吃藥時間：____：____ 老師簽名：_____
☐藥粉☐藥水____cc、____cc

2.身體狀況：
☐正常 / 體溫:上午_____下午_____
☐不適症狀:☐發燒____度 ☐嘔吐
☐咳嗽☐流鼻涕☐鼻塞☐紅疹☐疲倦
☐其他：_____

托育活動

☐故事欣賞 ☐音樂欣賞 ☐教具操作
☐嬰幼兒按摩☐戶外散步 ☐音樂律動
☐大肌肉活動☐小肌肉活動
☐其他活動_____

叮嚀事項

今日帶回清洗：☐衣褲 ☐寢具
寶寶用品需再添加，請準備物品如下：
☐尿布☐濕紙巾☐衛生紙☐紗布巾
☐備用衣_____件 /褲(長/短)_____件
☐其他

親師交流園地

老師的話

親師交流

老師簽名：_____

家長簽名：_____

寶寶生活日記

＿＿＿年＿＿＿月＿＿＿日 星期＿＿＿＿＿

飲食方面

早上餵奶時間：
＿＿＿：＿＿＿ 奶量＿＿＿＿＿ c.c

中心餵奶時間：
時間＿＿＿：＿＿＿ 奶量＿＿＿＿ c.c
時間＿＿＿：＿＿＿ 奶量＿＿＿＿ c.c
時間＿＿＿：＿＿＿ 奶量＿＿＿＿ c.c
時間＿＿＿：＿＿＿ 奶量＿＿＿＿ c.c

餐點：
□飯□粥□麵食
□肉類□魚/海鮮
□蔬菜□蛋/豆類
□精緻澱粉類

□副食品：＿＿＿＿＿＿＿

食量：
早上□量多□正常□量少
中午□量多□正常□量少
下午□量多□正常□量少
（評量標準：量多(>1份)
正常(≧0.8份)
量少(≦0.5份)

排便方面

□無 □有，排便時間：＿＿＿：＿＿＿、＿＿＿：＿＿＿、＿＿＿：＿＿＿、＿＿＿：＿＿＿
狀況：□正常 □偏硬 □偏軟□腹瀉 □其他＿＿＿＿＿＿＿＿

睡眠情形

睡眠時間：＿＿＿：＿＿＿ ～ ＿＿＿：＿＿＿
□安穩 □普通 □不安穩
□原因＿＿＿＿＿＿＿＿

情緒行為

□快樂 □不安 □哭鬧 □焦慮
□其他＿＿＿＿＿＿＿＿＿＿＿＿
□處理方式＿＿＿＿＿＿＿＿

健康紀錄

1.用藥時間：
吃藥時間：＿＿＿：＿＿＿ 老師簽名：＿＿＿＿＿＿
□藥粉□藥水＿＿＿＿cc、＿＿＿＿cc
吃藥時間：＿＿＿：＿＿＿ 老師簽名：＿＿＿＿＿＿
□藥粉□藥水＿＿＿＿cc、＿＿＿＿cc

2.身體狀況：
□正常 / 體溫:上午＿＿＿＿＿ 下午＿＿＿＿＿
□不適症狀：□發燒＿＿＿度 □嘔吐
□咳嗽□流鼻涕□鼻塞□紅疹□疲倦
□其他：＿＿＿＿＿＿＿＿＿

托育活動

□故事欣賞 □音樂欣賞 □教具操作
□嬰幼兒按摩□戶外散步 □音樂律動
□大肌肉活動□小肌肉活動
□其他活動＿＿＿＿＿＿＿＿

叮嚀事項

今日帶回清洗：□衣褲 □寢具
寶寶用品需再添加，請準備物品如下：
□尿布□濕紙巾□衛生紙□紗布巾
□備用衣＿＿＿＿＿件 /褲(長/短) ＿＿＿＿＿件
□其他＿＿＿＿＿＿＿＿

親師交流園地

老師的話

老師簽名：＿＿＿＿＿＿＿＿

親師交流

家長簽名：＿＿＿＿＿＿＿＿

寶寶生活日記

_____年_____月_____日 星期_____

飲食方面		

早上餵奶時間：
_____：_____奶量_____c.c

中心餵奶時間：
時間_____：_____奶量_____c.c
時間_____：_____奶量_____c.c
時間_____：_____奶量_____c.c
時間_____：_____奶量_____c.c

餐點：
□飯□粥□麵食
□肉類□魚/海鮮
□蔬菜□蛋/豆類
□精緻澱粉類

□副食品：_____

食量：
早上□量多□正常□量少
中午□量多□正常□量少
下午□量多□正常□量少
（評量標準：量多(>1份)
正常(≧0.8份)
量少(≦0.5份)

排便方面

□無　□有，排便時間：_____：_____、_____：_____、_____：_____、_____：_____
狀況：□正常□偏硬□偏軟□腹瀉□其他_____

睡眠情形	情緒行為

睡眠時間：_____：_____ ～ _____：_____
□安穩□普通□不安穩
□原因_____

□快樂 □不安 □哭鬧 □焦慮
□其他_____
□處理方式_____

健康紀錄

1.用藥時間：
吃藥時間：_____：_____老師簽名：_____
□藥粉□藥水_____cc、_____cc
吃藥時間：_____：_____老師簽名：_____
□藥粉□藥水_____cc、_____cc

2.身體狀況：
□正常 / 體溫:上午_____下午_____
□不適症狀：□發燒___度 □嘔吐
□咳嗽□流鼻涕□鼻塞□紅疹□疲倦
□其他：_____

托育活動	叮嚀事項

□故事欣賞 □音樂欣賞 □教具操作
□嬰幼兒按摩□戶外散步 □音樂律動
□大肌肉活動□小肌肉活動
□其他活動_____

今日帶回清洗：□衣褲 □寢具
寶寶用品需再添加，請準備物品如下：
□尿布□濕紙巾□衛生紙□紗布巾
□備用衣_____件 /褲(長/短) _____件
□其他_____

親師交流園地

老師的話	親師交流

老師簽名：_____　　　　　　家長簽名：_____

寶寶生活日記

＿＿＿年＿＿＿月＿＿＿日　星期＿＿＿＿＿

飲食方面

| 早上餵奶時間：
＿＿＿：＿＿＿奶量＿＿＿＿＿c.c
中心餵奶時間：
時間＿＿＿：＿＿＿奶量＿＿＿c.c
時間＿＿＿：＿＿＿奶量＿＿＿c.c
時間＿＿＿：＿＿＿奶量＿＿＿c.c
時間＿＿＿：＿＿＿奶量＿＿＿c.c | 餐點：
□飯□粥□麵食
□肉類□魚/海鮮
□蔬菜□蛋/豆類
□精緻澱粉類

□副食品：＿＿＿＿＿＿＿ | 食量：
早上□量多□正常□量少
中午□量多□正常□量少
下午□量多□正常□量少
（評量標準：量多(>1份)
正常(≧0.8份)
量少(≦0.5份) |

排便方面

□無　□有，排便時間：＿＿＿＿：＿＿＿＿、＿＿＿＿：＿＿＿＿、＿＿＿＿：＿＿＿＿、＿＿＿＿：＿＿＿＿

狀況：□正常　□偏硬　□偏軟□腹瀉　□其他＿＿＿＿＿＿＿＿＿＿＿＿＿＿

睡眠情形 / 情緒行為

睡眠情形	情緒行為
睡眠時間：＿＿＿：＿＿＿　～　＿＿＿：＿＿＿ □安穩　□普通　□不安穩 □原因＿＿＿＿＿＿＿＿＿＿	□快樂　□不安　□哭鬧　□焦慮 □其他＿＿＿＿＿＿＿＿＿＿＿＿ □處理方式＿＿＿＿＿＿＿＿＿

健康紀錄

| 1.用藥時間：
吃藥時間：＿＿＿：＿＿＿老師簽名：＿＿＿＿＿
□藥粉□藥水＿＿＿cc、＿＿＿cc
吃藥時間：＿＿＿：＿＿＿老師簽名：＿＿＿＿＿
□藥粉□藥水＿＿＿cc、＿＿＿cc | 2.身體狀況：
□正常 / 體溫:上午＿＿＿＿下午＿＿＿＿
□不適症狀：□發燒＿＿＿度　□嘔吐
□咳嗽□流鼻涕□鼻塞□紅疹□疲倦
□其他：＿＿＿＿＿＿＿＿ |

托育活動 / 叮嚀事項

托育活動	叮嚀事項
□故事欣賞　□音樂欣賞　□教具操作 □嬰幼兒按摩□戶外散步　□音樂律動 □大肌肉活動□小肌肉活動 □其他活動＿＿＿＿＿＿＿＿	今日帶回清洗：□衣褲　□寢具 寶寶用品需再添加，請準備物品如下： □尿布□濕紙巾□衛生紙□紗布巾 □備用衣＿＿＿＿＿件 /褲(長/短)＿＿＿＿＿件 □其他＿＿＿＿＿＿

親師交流園地

老師的話	親師交流
老師簽名：＿＿＿＿＿＿＿＿＿＿	家長簽名：＿＿＿＿＿＿＿＿＿＿

寶寶生活日記

____年____月____日 星期_____

飲食方面

早上餵奶時間： ____：____ 奶量_____c.c 中心餵奶時間： 時間____：____ 奶量____c.c 時間____：____ 奶量____c.c 時間____：____ 奶量____c.c 時間____：____ 奶量____c.c	餐點： □飯□粥□麵食 □肉類□魚/海鮮 □蔬菜□蛋/豆類 □精緻澱粉類 □副食品：_____	食量： 早上□量多□正常□量少 中午□量多□正常□量少 下午□量多□正常□量少 (評量標準：量多(>1 份) 正常(≧0.8 份) 量少(≦0.5 份)

排便方面

□無　□有，排便時間：____：____、____：____、____：____、____：____

狀況：□正常 □偏硬 □偏軟□腹瀉 □其他_____

睡眠情形	情緒行為
睡眠時間：____：____ ～ ____：____ □安穩 □普通 □不安穩 □原因_____	□快樂 □不安 □哭鬧 □焦慮 □其他_____ □處理方式_____

健康紀錄

1.用藥時間： 吃藥時間：____：____老師簽名：_____ □藥粉□藥水____cc、____cc 吃藥時間：____：____老師簽名：_____ □藥粉□藥水____cc、____cc	2.身體狀況： □正常 / 體溫:上午_____下午_____ □不適症狀：□發燒___度 □嘔吐 □咳嗽□流鼻涕□鼻塞□紅疹□疲倦 □其他：_____

托育活動	叮嚀事項
□故事欣賞　□音樂欣賞□教具操作 □嬰幼兒按摩□戶外散步 □音樂律動 □大肌肉活動□小肌肉活動 □其他活動_____	今日帶回清洗：□衣褲 □寢具 寶寶用品需再添加，請準備物品如下： □尿布□濕紙巾□衛生紙□紗布巾 □備用衣_____件 /褲(長/短)_____件 □其他_____

親師交流園地

老師的話	親師交流
        老師簽名：_____	 家長簽名：_____

寶寶生活日記

_____年_____月_____日 星期_____

飲食方面

早上餵奶時間：
_____:_____ 奶量_____c.c

中心餵奶時間：
時間_____:_____ 奶量_____c.c
時間_____:_____ 奶量_____c.c
時間_____:_____ 奶量_____c.c
時間_____:_____ 奶量_____c.c

餐點：
□飯□粥□麵食
□肉類□魚/海鮮
□蔬菜□蛋/豆類
□精緻澱粉類

□副食品：_____

食量：
早上□量多□正常□量少
中午□量多□正常□量少
下午□量多□正常□量少
(評量標準：量多(>1份)
正常(≧0.8份)
量少(≦0.5份)

排便方面

□無 □有，排便時間：_____:_____ 、_____:_____ 、_____:_____ 、_____:_____
狀況：□正常 □偏硬 □偏軟□腹瀉 □其他_____

睡眠情形

睡眠時間：_____:_____ ～ _____:_____
□安穩 □普通 □不安穩
□原因_____

情緒行為

□快樂 □不安 □哭鬧 □焦慮
□其他_____
□處理方式_____

健康紀錄

1.用藥時間：
吃藥時間：_____:_____老師簽名：_____
□藥粉□藥水_____cc、_____cc
吃藥時間：_____:_____老師簽名：_____
□藥粉□藥水_____cc、_____cc

2.身體狀況：
□正常 / 體溫:上午_____下午_____
□不適症狀：□發燒___度 □嘔吐
□咳嗽□流鼻涕□鼻塞□紅疹□疲倦
□其他：_____

托育活動

□故事欣賞 □音樂欣賞 □教具操作
□嬰幼兒按摩□戶外散步 □音樂律動
□大肌肉活動□小肌肉活動
□其他活動_____

叮嚀事項

今日帶回清洗：□衣褲 □寢具
寶寶用品需再添加，請準備物品如下：
□尿布□濕紙巾□衛生紙□紗布巾
□備用衣_____件 /褲(長/短) _____件
□其他_____

親師交流園地

老師的話

親師交流

老師簽名：_____

家長簽名：_____

寶寶生活日記

____年____月____日 星期_____

飲食方面		
早上餵奶時間： ____：____ 奶量_____c.c 中心餵奶時間： 時間____：____ 奶量____c.c 時間____：____ 奶量____c.c 時間____：____ 奶量____c.c 時間____：____ 奶量____c.c	餐點： □飯□粥□麵食 □肉類□魚/海鮮 □蔬菜□蛋/豆類 □精緻澱粉類 □副食品：_____	食量： 早上□量多□正常□量少 中午□量多□正常□量少 下午□量多□正常□量少 （評量標準：量多(>1份) 正常(≧0.8份) 量少(≦0.5份)

排便方面

□無　□有，排便時間：____：____ 、____：____ 、____：____ 、____：____

狀況：□正常 □偏硬 □偏軟□腹瀉 □其他_____

睡眠情形	情緒行為
睡眠時間：____：____ ～ ____：____ □安穩 □普通 □不安穩 □原因_____	□快樂 □不安 □哭鬧 □焦慮 □其他_____ □處理方式_____

健康紀錄

1.用藥時間：	2.身體狀況：
吃藥時間：____：____ 老師簽名：_____ □藥粉□藥水____cc、____cc 吃藥時間：____：____ 老師簽名：_____ □藥粉□藥水____cc、____cc	□正常 / 體溫:上午_____下午_____ □不適症狀：□發燒___度 □嘔吐 □咳嗽□流鼻涕□鼻塞□紅疹□疲倦 □其他：_____

托育活動	叮嚀事項
□故事欣賞 □音樂欣賞 □教具操作 □嬰幼兒按摩□戶外散步 □音樂律動 □大肌肉活動□小肌肉活動 □其他活動_____	今日帶回清洗：□衣褲 □寢具 寶寶用品需再添加，請準備物品如下： □尿布□濕紙巾□衛生紙□紗布巾 □備用衣_____件 /褲(長/短) _____件 □其他_____

親師交流園地

老師的話	親師交流
        老師簽名：_____	 家長簽名：_____

寶寶生活日記

_____年_____月_____日 星期_____

飲食方面

早上餵奶時間：
_____：_____ 奶量_____c.c

中心餵奶時間：

時間_____：_____ 奶量_____c.c

時間_____：_____ 奶量_____c.c

時間_____：_____ 奶量_____c.c

時間_____：_____ 奶量_____c.c

餐點：
- ☐飯☐粥☐麵食
- ☐肉類☐魚/海鮮
- ☐蔬菜☐蛋/豆類
- ☐精緻澱粉類

☐副食品：_____

食量：

早上☐量多☐正常☐量少

中午☐量多☐正常☐量少

下午☐量多☐正常☐量少

（評量標準：量多(>1份)

正常(≧0.8份)

量少(≦0.5份)

排便方面

☐無　☐有，排便時間：_____：_____ 、_____：_____ 、_____：_____ 、_____：_____

狀況：☐正常 ☐偏硬 ☐偏軟☐腹瀉 ☐其他_____

睡眠情形	情緒行為
睡眠時間：_____：_____ ～ _____：_____ ☐安穩 ☐普通 ☐不安穩 ☐原因_____	☐快樂 ☐不安 ☐哭鬧 ☐焦慮 ☐其他_____ ☐處理方式_____

健康紀錄

1.用藥時間：	2.身體狀況：
吃藥時間：_____：_____ 老師簽名：_____ ☐藥粉☐藥水____cc、____cc 吃藥時間：_____：_____ 老師簽名：_____ ☐藥粉☐藥水____cc、____cc	☐正常 / 體溫:上午_____下午_____ ☐不適症狀：☐發燒___度 ☐嘔吐 ☐咳嗽☐流鼻涕☐鼻塞☐紅疹☐疲倦 ☐其他：_____

托育活動	叮嚀事項
☐故事欣賞 ☐音樂欣賞 ☐教具操作 ☐嬰幼兒按摩☐戶外散步 ☐音樂律動 ☐大肌肉活動☐小肌肉活動 ☐其他活動_____	今日帶回清洗：☐衣褲 ☐寢具 寶寶用品需再添加，請準備物品如下： ☐尿布☐濕紙巾☐衛生紙☐紗布巾 ☐備用衣_____件 /褲(長/短)_____件 ☐其他_____

親師交流園地

老師的話	親師交流
老師簽名：_____	家長簽名：_____

寶寶生活日記

_____年_____月_____日 星期_____

飲食方面

早上餵奶時間：

_____：_____奶量_____c.c

中心餵奶時間：

時間_____：_____奶量_____c.c

時間_____：_____奶量_____c.c

時間_____：_____奶量_____c.c

時間_____：_____奶量_____c.c

餐點：

□飯□粥□麵食

□肉類□魚/海鮮

□蔬菜□蛋/豆類

□精緻澱粉類

□副食品：_____

食量：

早上□量多□正常□量少

中午□量多□正常□量少

下午□量多□正常□量少

（評量標準：量多(>1份)

正常(≧0.8份)

量少(≦0.5份)

排便方面

□無　□有，排便時間：_____：_____、_____：_____、_____：_____、_____：_____

狀況：□正常　□偏硬　□偏軟□腹瀉　□其他_____

睡眠情形

睡眠時間：_____：_____ ～ _____：_____

□安穩　□普通　□不安穩

□原因_____

情緒行為

□快樂　□不安　□哭鬧　□焦慮

□其他_____

□處理方式_____

健康紀錄

1.用藥時間：

吃藥時間：_____：_____老師簽名：_____

□藥粉□藥水_____cc、_____cc

吃藥時間：_____：_____老師簽名：_____

□藥粉□藥水_____cc、_____cc

2.身體狀況：

□正常 / 體溫：上午_____下午_____

□不適症狀：□發燒_____度　□嘔吐

□咳嗽□流鼻涕□鼻塞□紅疹□疲倦

□其他：_____

托育活動

□故事欣賞　□音樂欣賞　□教具操作

□嬰幼兒按摩□戶外散步　□音樂律動

□大肌肉活動□小肌肉活動

□其他活動_____

叮嚀事項

今日帶回清洗：□衣褲　□寢具

寶寶用品需再添加，請準備物品如下：

□尿布□濕紙巾□衛生紙□紗布巾

□備用衣_____件 /褲(長/短) _____件

□其他_____

親師交流園地

老師的話

親師交流

老師簽名：_____

家長簽名：_____

寶寶生活日記

_____年_____月_____日 星期_____

飲食方面

早上餵奶時間：

_____：_____奶量_____c.c

中心餵奶時間：

時間_____：_____奶量_____c.c

時間_____：_____奶量_____c.c

時間_____：_____奶量_____c.c

時間_____：_____奶量_____c.c

餐點：

☐飯☐粥☐麵食

☐肉類☐魚/海鮮

☐蔬菜☐蛋/豆類

☐精緻澱粉類

☐副食品：_____

食量：

早上☐量多☐正常☐量少

中午☐量多☐正常☐量少

下午☐量多☐正常☐量少

（評量標準：量多(>1 份)

正常($\geq$0.8 份)

量少($\leq$0.5 份)

排便方面

☐無　☐有，排便時間：_____：_____、_____：_____、_____：_____、_____：_____

狀況：☐正常 ☐偏硬 ☐偏軟☐腹瀉 ☐其他_____

睡眠情形

睡眠時間：_____：_____ ～ _____：_____

☐安穩 ☐普通 ☐不安穩

☐原因_____

情緒行為

☐快樂 ☐不安 ☐哭鬧 ☐焦慮

☐其他_____

☐處理方式_____

健康紀錄

1.用藥時間：

吃藥時間：_____：_____老師簽名：_____

☐藥粉☐藥水_____cc、_____cc

吃藥時間：_____：_____老師簽名：_____

☐藥粉☐藥水_____cc、_____cc

2.身體狀況：

☐正常 / 體溫:上午_____下午_____

☐不適症狀：☐發燒___度 ☐嘔吐

☐咳嗽☐流鼻涕☐鼻塞☐紅疹☐疲倦

☐其他：_____

托育活動

☐故事欣賞　☐音樂欣賞 ☐教具操作

☐嬰幼兒按摩☐戶外散步 ☐音樂律動

☐大肌肉活動☐小肌肉活動

☐其他活動_____

叮嚀事項

今日帶回清洗：☐衣褲 ☐寢具

寶寶用品需再添加，請準備物品如下：

☐尿布☐濕紙巾☐衛生紙☐紗布巾

☐備用衣_____件 /褲(長/短) _____件

☐其他_____

親師交流園地

老師的話

親師交流

老師簽名：_____

家長簽名：_____

寶寶生活日記

_____年_____月_____日 星期_____

飲食方面

早上餵奶時間：
_____：_____奶量_____c.c

中心餵奶時間：

時間_____：_____奶量_____c.c

時間_____：_____奶量_____c.c

時間_____：_____奶量_____c.c

時間_____：_____奶量_____c.c

餐點：

☐飯☐粥☐麵食

☐肉類☐魚/海鮮

☐蔬菜☐蛋/豆類

☐精緻澱粉類

☐副食品：_____

食量：

早上☐量多☐正常☐量少

中午☐量多☐正常☐量少

下午☐量多☐正常☐量少

（評量標準：量多(>1份)

正常($\geq$0.8份)

量少($\leq$0.5份)

排便方面

☐無　☐有，排便時間：_____：_____、_____：_____、_____：_____、_____：_____

狀況：☐正常　☐偏硬　☐偏軟☐腹瀉　☐其他_____

睡眠情形

睡眠時間：_____：_____ ～ _____：_____

☐安穩　☐普通　☐不安穩

☐原因_____

情緒行為

☐快樂　☐不安　☐哭鬧　☐焦慮

☐其他_____

☐處理方式_____

健康紀錄

1.用藥時間：

吃藥時間：_____：_____老師簽名：_____

☐藥粉☐藥水_____cc、_____cc

吃藥時間：_____：_____老師簽名：_____

☐藥粉☐藥水_____cc、_____cc

2.身體狀況：

☐正常 / 體溫:上午_____下午_____

☐不適症狀：☐發燒___度 ☐嘔吐

☐咳嗽☐流鼻涕☐鼻塞☐紅疹☐疲倦

☐其他：_____

托育活動

☐故事欣賞　☐音樂欣賞　☐教具操作

☐嬰幼兒按摩☐戶外散步　☐音樂律動

☐大肌肉活動☐小肌肉活動

☐其他活動_____

叮嚀事項

今日帶回清洗：☐衣褲　☐寢具

寶寶用品需再添加，請準備物品如下：

☐尿布☐濕紙巾☐衛生紙☐紗布巾

☐備用衣_____件 /褲(長/短)_____件

☐其他_____

親師交流園地

老師的話

親師交流

老師簽名：_____

家長簽名：_____

寶寶生活日記

_____年_____月_____日 星期_____

飲食方面

早上餵奶時間：

_____：_____奶量_____c.c

中心餵奶時間：

時間_____：_____奶量_____c.c

時間_____：_____奶量_____c.c

時間_____：_____奶量_____c.c

時間_____：_____奶量_____c.c

餐點：

☐飯☐粥☐麵食

☐肉類☐魚/海鮮

☐蔬菜☐蛋/豆類

☐精緻澱粉類

☐副食品：_____

食量：

早上☐量多☐正常☐量少

中午☐量多☐正常☐量少

下午☐量多☐正常☐量少

（評量標準：量多(>1份)

正常(≧0.8份)

量少(≦0.5份)

排便方面

☐無　☐有，排便時間：_____：_____、_____：_____、_____：_____、_____：_____

狀況：☐正常☐偏硬☐偏軟☐腹瀉☐其他_____

睡眠情形

睡眠時間：_____：_____ ～ _____：_____

☐安穩☐普通☐不安穩

☐原因_____

情緒行為

☐快樂☐不安☐哭鬧☐焦慮

☐其他_____

☐處理方式_____

健康紀錄

1.用藥時間：

吃藥時間：_____：_____老師簽名：_____

☐藥粉☐藥水_____cc、_____cc

吃藥時間：_____：_____老師簽名：_____

☐藥粉☐藥水_____cc、_____cc

2.身體狀況：

☐正常 / 體溫：上午_____下午_____

☐不適症狀：☐發燒___度 ☐嘔吐

☐咳嗽☐流鼻涕☐鼻塞☐紅疹☐疲倦

☐其他：_____

托育活動

☐故事欣賞　☐音樂欣賞☐教具操作

☐嬰幼兒按摩☐戶外散步☐音樂律動

☐大肌肉活動☐小肌肉活動

☐其他活動_____

叮嚀事項

今日帶回清洗：☐衣褲 ☐寢具

寶寶用品需再添加，請準備物品如下：

☐尿布☐濕紙巾☐衛生紙☐紗布巾

☐備用衣_____件 /褲(長/短)_____件

☐其他_____

親師交流園地

老師的話

親師交流

老師簽名：_____

家長簽名：_____

寶寶生活日記

_____年_____月_____日 星期_____

飲食方面		

早上餵奶時間：
_____：_____奶量_____c.c
中心餵奶時間：
時間_____：_____奶量_____c.c
時間_____：_____奶量_____c.c
時間_____：_____奶量_____c.c
時間_____：_____奶量_____c.c

餐點：
☐飯☐粥☐麵食
☐肉類☐魚/海鮮
☐蔬菜☐蛋/豆類
☐精緻澱粉類

☐副食品：_____

食量：
早上☐量多☐正常☐量少
中午☐量多☐正常☐量少
下午☐量多☐正常☐量少
(評量標準:量多(>1份)
正常(≧0.8份)
量少(≦0.5份)

排便方面

☐無　☐有，排便時間：_____：_____、_____：_____、_____：_____、_____：_____
狀況：☐正常　☐偏硬　☐偏軟☐腹瀉　☐其他_____

睡眠情形	情緒行為

睡眠時間：_____：_____　～　_____：_____
☐安穩 ☐普通 ☐不安穩
☐原因_____

☐快樂 ☐不安 ☐哭鬧 ☐焦慮
☐其他_____
☐處理方式_____

健康紀錄

1. 用藥時間：
吃藥時間：_____：_____老師簽名：_____
☐藥粉☐藥水_____cc、_____cc
吃藥時間：_____：_____老師簽名：_____
☐藥粉☐藥水_____cc、_____cc

2. 身體狀況：
☐正常 / 體溫:上午_____下午_____
☐不適症狀：☐發燒_____度 ☐嘔吐
☐咳嗽☐流鼻涕☐鼻塞☐紅疹☐疲倦
☐其他：_____

托育活動	叮嚀事項

☐故事欣賞　☐音樂欣賞　☐教具操作
☐嬰幼兒按摩☐戶外散步 ☐音樂律動
☐大肌肉活動☐小肌肉活動
☐其他活動_____

今日帶回清洗：☐衣褲 ☐寢具
寶寶用品需再添加，請準備物品如下：
☐尿布☐濕紙巾☐衛生紙☐紗布巾
☐備用衣_____件 /褲(長/短) _____件
☐其他_____

親師交流園地

老師的話

親師交流

老師簽名：_____

家長簽名：_____

寶寶生活日記

_____年_____月_____日 星期_____

飲食方面		
早上餵奶時間： _____：_____奶量_____c.c 中心餵奶時間： 時間_____：_____奶量_____c.c 時間_____：_____奶量_____c.c 時間_____：_____奶量_____c.c 時間_____：_____奶量_____c.c	餐點： □飯□粥□麵食 □肉類□魚/海鮮 □蔬菜□蛋/豆類 □精緻澱粉類 □副食品：_____	食量： 早上□量多□正常□量少 中午□量多□正常□量少 下午□量多□正常□量少 （評量標準：量多(>1份) 正常(≧0.8份) 量少(≦0.5份)

排便方面

□無　□有，排便時間：_____：_____、_____：_____、_____：_____、_____：_____
狀況：□正常 □偏硬 □偏軟□腹瀉 □其他_____

睡眠情形	情緒行為
睡眠時間：_____：_____ ～ _____：_____ □安穩 □普通 □不安穩 □原因_____	□快樂 □不安 □哭鬧 □焦慮 □其他_____ □處理方式_____

健康紀錄

1.用藥時間： 吃藥時間：_____：_____老師簽名：_____ □藥粉□藥水____cc、____cc 吃藥時間：_____：_____老師簽名：_____ □藥粉□藥水____cc、____cc	2.身體狀況： □正常 / 體溫：上午_____下午_____ □不適症狀：□發燒____度 □嘔吐 □咳嗽□流鼻涕□鼻塞□紅疹□疲倦 □其他：_____

托育活動	叮嚀事項
□故事欣賞 □音樂欣賞 □教具操作 □嬰幼兒按摩□戶外散步 □音樂律動 □大肌肉活動□小肌肉活動 □其他活動_____	今日帶回清洗：□衣褲 □寢具 寶寶用品需再添加，請準備物品如下： □尿布□濕紙巾□衛生紙□紗布巾 □備用衣_____件 /褲(長/短)_____件 □其他_____

親師交流園地

老師的話	親師交流
老師簽名：_____	家長簽名：_____

寶寶生活日記

_____年____月____日 星期_____

飲食方面

早上餵奶時間：
____：____奶量_____c.c

中心餵奶時間：

時間____：____奶量____c.c

時間____：____奶量____c.c

時間____：____奶量____c.c

時間____：____奶量____c.c

餐點：
☐飯☐粥☐麵食
☐肉類☐魚/海鮮
☐蔬菜☐蛋/豆類
☐精緻澱粉類

☐副食品：_____

食量：

早上☐量多☐正常☐量少

中午☐量多☐正常☐量少

下午☐量多☐正常☐量少

（評量標準：量多(>1份)

正常(≧0.8份)

量少(≦0.5份)

排便方面

☐無　☐有，排便時間：____：____、____：____、____：____、____：____

狀況：☐正常 ☐偏硬 ☐偏軟☐腹瀉 ☐其他_____

睡眠情形

睡眠時間：____：____ ～ ____：____

☐安穩 ☐普通 ☐不安穩

☐原因_____

情緒行為

☐快樂 ☐不安 ☐哭鬧 ☐焦慮

☐其他_____

☐處理方式_____

健康紀錄

1.用藥時間：

吃藥時間：____：____老師簽名：_____

☐藥粉☐藥水____cc、____cc

吃藥時間：____：____老師簽名：_____

☐藥粉☐藥水____cc、____cc

2.身體狀況：

☐正常 / 體溫:上午_____下午_____

☐不適症狀：☐發燒____度 ☐嘔吐

☐咳嗽☐流鼻涕☐鼻塞☐紅疹☐疲倦

☐其他：_____

托育活動

☐故事欣賞　☐音樂欣賞☐教具操作

☐嬰幼兒按摩☐戶外散步☐音樂律動

☐大肌肉活動☐小肌肉活動

☐其他活動_____

叮嚀事項

今日帶回清洗：☐衣褲　☐寢具

寶寶用品需再添加，請準備物品如下：

☐尿布☐濕紙巾☐衛生紙☐紗布巾

☐備用衣_____件 /褲(長/短) _____件

☐其他_____

親師交流園地

老師的話

老師簽名：_____

親師交流

家長簽名：_____

寶寶生活日記

_____年_____月_____日 星期_____

飲食方面

早上餵奶時間：
_____:_____奶量_____c.c

中心餵奶時間：

時間_____:_____奶量_____c.c

時間_____:_____奶量_____c.c

時間_____:_____奶量_____c.c

時間_____:_____奶量_____c.c

餐點：
□飯□粥□麵食
□肉類□魚/海鮮
□蔬菜□蛋/豆類
□精緻澱粉類

□副食品：_____

食量：
早上□量多□正常□量少
中午□量多□正常□量少
下午□量多□正常□量少
（評量標準：量多(>1份)
正常(≧0.8份)
量少(≦0.5份)

排便方面

□無　□有，排便時間：_____:_____、_____:_____、_____:_____、_____:_____
狀況：□正常 □偏硬 □偏軟□腹瀉 □其他_____

睡眠情形

睡眠時間：_____:_____ ～ _____:_____
□安穩 □普通 □不安穩
□原因_____

情緒行為

□快樂 □不安 □哭鬧 □焦慮
□其他_____
□處理方式_____

健康紀錄

1.用藥時間：
吃藥時間：_____:_____老師簽名：_____
□藥粉□藥水_____cc、_____cc
吃藥時間：_____:_____老師簽名：_____
□藥粉□藥水_____cc、_____cc

2.身體狀況：
□正常 / 體溫:上午_____下午_____
□不適症狀：□發燒___度 □嘔吐
□咳嗽□流鼻涕□鼻塞□紅疹□疲倦
□其他：_____

托育活動

□故事欣賞 □音樂欣賞 □教具操作
□嬰幼兒按摩□戶外散步 □音樂律動
□大肌肉活動□小肌肉活動
□其他活動_____

叮嚀事項

今日帶回清洗：□衣褲 □寢具
寶寶用品需再添加，請準備物品如下：
□尿布□濕紙巾□衛生紙□紗布巾
□備用衣_____件 /褲(長/短) _____件
□其他_____

親師交流園地

老師的話

老師簽名：_____

親師交流

家長簽名：_____

寶寶生活日記

____年____月____日 星期_____

飲食方面		

早上餵奶時間：
____：____ 奶量_____c.c
中心餵奶時間：
時間____：____奶量____c.c
時間____：____奶量____c.c
時間____：____奶量____c.c
時間____：____奶量____c.c

餐點：
□飯□粥□麵食
□肉類□魚/海鮮
□蔬菜□蛋/豆類
□精緻澱粉類

□副食品：_____

食量：
早上□量多□正常□量少
中午□量多□正常□量少
下午□量多□正常□量少
（評量標準：量多(>1 份)
正常(≧0.8 份)
量少(≦0.5 份)

排便方面

□無　□有，排便時間：____：____、____：____、____：____、____：____
狀況：□正常 □偏硬 □偏軟□腹瀉 □其他_____

睡眠情形	情緒行為

睡眠時間：____：____ ～ ____：____
□安穩 □普通 □不安穩
□原因_____

□快樂 □不安 □哭鬧 □焦慮
□其他_____
□處理方式_____

健康紀錄

1.用藥時間：
吃藥時間：____：____老師簽名：_____
□藥粉□藥水____cc、____cc
吃藥時間：____：____老師簽名：_____
□藥粉□藥水____cc、____cc

2.身體狀況：
□正常 / 體溫:上午_____下午_____
□不適症狀：□發燒____度 □嘔吐
□咳嗽□流鼻涕□鼻塞□紅疹□疲倦
□其他：_____

托育活動	叮嚀事項

□故事欣賞 □音樂欣賞 □教具操作
□嬰幼兒按摩□戶外散步 □音樂律動
□大肌肉活動□小肌肉活動
□其他活動_____

今日帶回清洗：□衣褲 □寢具
寶寶用品需再添加，請準備物品如下：
□尿布□濕紙巾□衛生紙□紗布巾
□備用衣_____件 /褲(長/短)_____件
□其他_____

親師交流園地

老師的話

親師交流

老師簽名：_____

家長簽名：_____

寶寶生活日記

_____年_____月_____日 星期_____

飲食方面

| 早上餵奶時間：
_____：_____奶量_____c.c
中心餵奶時間：
時間_____：_____奶量_____c.c
時間_____：_____奶量_____c.c
時間_____：_____奶量_____c.c
時間_____：_____奶量_____c.c | 餐點：
□飯□粥□麵食
□肉類□魚/海鮮
□蔬菜□蛋/豆類
□精緻澱粉類

□副食品：_____ | 食量：
早上□量多□正常□量少
中午□量多□正常□量少
下午□量多□正常□量少
（評量標準：量多(>1份)
正常(≧0.8份)
量少(≦0.5份) |

排便方面

□無　□有，排便時間：_____：_____、_____：_____、_____：_____、_____：_____
狀況：□正常 □偏硬 □偏軟□腹瀉 □其他_____

睡眠情形	情緒行為
睡眠時間：_____：_____ ～ _____：_____ □安穩 □普通 □不安穩 □原因_____	□快樂 □不安 □哭鬧 □焦慮 □其他_____ □處理方式_____

健康紀錄

1.用藥時間： 吃藥時間：_____：_____老師簽名：_____ □藥粉□藥水_____cc、_____cc 吃藥時間：_____：_____老師簽名：_____ □藥粉□藥水_____cc、_____cc	2.身體狀況： □正常 / 體溫:上午_____下午_____ □不適症狀：□發燒_____度 □嘔吐 □咳嗽□流鼻涕□鼻塞□紅疹□疲倦 □其他：_____

托育活動	叮嚀事項
□故事欣賞 □音樂欣賞 □教具操作 □嬰幼兒按摩□戶外散步 □音樂律動 □大肌肉活動□小肌肉活動 □其他活動_____	今日帶回清洗：□衣褲 □寢具 寶寶用品需再添加，請準備物品如下： □尿布□濕紙巾□衛生紙□紗布巾 □備用衣_____件 /褲(長/短) _____件 □其他_____

親師交流園地

老師的話 老師簽名：_____	親師交流 家長簽名：_____

136